Sociodrama

Dados Internacionais de Catalogação na Publicação (CIP)
(Câmara Brasileira do Livro, SP, Brasil)

Sociodrama / Marlene Magnabosco Marra, Heloisa Junqueira Fleury, (orgs.). — São Paulo : Ágora, 2010.

Vários autores.
Bibliografia
ISBN 978-85-7183-074-5

1. Psicodrama 2. Psicoterapia de grupo 3. Sociodrama 4. Sociometria I. Marra, Marlene Magnabosco. II. Fleury, Heloisa Junqueira.

10-09200   CDD-150.198

Índice para catálogo sistemático:
1. Sociodrama : Psicologia   150.198

Compre em lugar de fotocopiar.
Cada real que você dá por um livro recompensa seus autores
e os convida a produzir mais sobre o tema;
incentiva seus editores a encomendar, traduzir e publicar
outras obras sobre o assunto;
e paga aos livreiros por estocar e levar até você livros
para a sua informação e o seu entretenimento.
Cada real que você dá pela fotocópia não autorizada de um livro
financia um crime
e ajuda a matar a produção intelectual.

Sociodrama
Um método, diferentes procedimentos

Marlene Magnabosco Marra
Heloisa Junqueira Fleury
(orgs.)

SOCIODRAMA
Um método, diferentes procedimentos
Copyright © 2010 by autores

Direitos desta edição reservados por Summus Editorial

Editora executiva: **Soraia Bini Cury**
Editora assistente: **Salete Del Guerra**
Assistente editorial: **Carla Lento Faria**
Projeto gráfico e diagramação: **Triall Composição Editorial**
Capa: **Rawiski Comunicação**
Impressão: **Sumago Gráfica Editorial**

Editora Ágora
Departamento editorial
Rua Itapicuru, 613 – 7º andar
05006-000 – São Paulo – SP
Fone: (11) 3872-3322
Fax: (11) 3872-7476
http://www.editoragora.com.br
e-mail: agora@agora.com.br

Atendimento ao consumidor
Summus Editorial
Fone: (11) 3865-9890

Vendas por atacado
Fone: (11) 3873-8638
Fax: (11) 3873-7085
e-mail: vendas@summus.com.br

Impresso no Brasil

Sumário

Prefácio – Como um presente bonito que recebemos 7
Maria Alice Vassimon

Introdução – Tendências atuais no campo das intervenções
e da aplicação do sociodrama como método 13
Heloisa Junqueira Fleury e Marlene Magnabosco Marra

1. O modelo contemporâneo de sociodrama brasileiro 19
Zoltán (Zoli) Figusch

2. Rito de passagem: encontro do valor da vida 42
Adelsa A. L. da Cunha e Marília J. Marino

3. Jogo de fazer diálogos: algumas reflexões sobre
um grande grupo 62
Cida Davoli e Pedro H. A. Mascarenhas

4. Sociodrama durante emergências sociais 76
Dalmiro Bustos e Marisa Nogueira Greeb

5. O grupo de ressonância 95
Marlene Magnabosco Marra e Heloisa Junqueira Fleury

6. 17 de abril de 1984: de lá para cá, muita água rolou! 109
Regina Fourneaut Monteiro e Terezinha Tomé Baptista

7. Dois momentos sociodramáticos 123
Sergio Perazzo e Luís Falivene R. Alves

8. Depoimento sobre psicodrama público no
Centro Cultural São Paulo.. 137
Wilson Castello de Almeida e José Roberto Wolff

9. A arte de não interpretar interpretando: a construção
de dramaturgias ancoradouras na formação de
psicodramatistas... 150
Milene Féo e Anna Maria Knobel

10. Inclusão social e sociodrama 181
Maria da Penha Nery e Marlene Magnabasco Marra

11. Diversidade cultural e construção de significados........... 201
*Marlene Magnabosco Marra, Liana Fortunato Costa e
Marilene Grandesso*

Prefácio

Como um presente bonito que recebemos

O CONVITE DAS ORGANIZADORAS Marlene Marra e Heloisa Fleury para escrever o prefácio deste livro me trouxe muito prazer. Dois motivos tocaram meu coração de imediato: a confirmação de um caminho de luta, trilhado desde 1973, na construção de uma sociedade mais humana, e a estrutura sociodramática do próprio livro.

O Grupo de Estudos e Trabalhos Psicodramáticos (Getep), escola de formação em psicodrama e sociodrama, foi criado em plena ditadura militar. Na ocasião, percebemos que o psicodrama seria um instrumento revolucionário e que deveria ser posto a serviço da grande maioria.

Trilhar diferentes caminhos é encontrar uma diversidade de pessoas.

Sabemos que nossos olhos enxergam com base em nossa história, em classe social, no local onde moramos e naquilo que validamos. É imensa a necessidade de encontrar o outro, vários outros. E de ouvi-los, ouvi-los, ouvi-los. Precisamos criar condições para que cada um possa situar-se no mesmo degrau, o mais perto do chão: no degrau do humano. Senão, nos permitiremos dizer que "o povo brasileiro é preguiçoso", "o homem que mora na rua quer ficar na rua", "o favelado deveria gastar dinheiro no que é necessário; e por que compra televisão?"

Tenho certeza de que nenhum profissional psicodramatista guarda todas as notas de compra daquilo que possui para mostrar aos policiais, se porventura entrarem em sua casa. Numa favela na Zona Leste de São Paulo, no entanto, esse procedimento é comum. "Tudo que tenho aqui no meu barraco não roubei."

O sociodrama desloca o sociodramatista da relação "eu e o outro", origem de nossa vida afetiva. E exige um amadurecimento "eu e os outros". Ser cidadão é ser capaz de encontros de qualidades com muitos.

Assim nos abrimos para ouvir a voz do grupo e a voz de cada um no grupo.

Ouvimos o que é dito sem nos contorcermos, como um presente bonito que recebemos, ainda que o conteúdo seja muito diferente daquilo que pensamos. De outro modo, nos comportaríamos como ignorantes, e os grupos olhariam as soluções para resolver "a vida deles" sem nos levar a sério.

O segundo motivo instigante para escrever este prefácio é a estrutura sociodramática do livro.

As organizadoras, em seu desejo de ouvir a voz de muitos, convidaram um grupo de profissionais para que cada um, inclusive um estrangeiro, falasse sobre o sociodrama brasileiro. Há diversidade também na estrutura dos textos: diversidade de maneiras de expressão e riqueza colorida no espaço do saber.

Há os capítulos mais teóricos. Trazem um leque de implicações ao redor do tema, metodologia sociodramática. É uma grande conversa que nos ajuda a encontrar as pessoas e a refletir sobre essa metodologia revolucionária.

Há os capítulos que partem da ação concreta e nos convidam a participar da intimidade do trabalho de cada profissional. Quando o relato é objeto de reflexão sobre alguma prática dos colegas, os autores nos ensinam a viver e a olhar o nosso jeito de viver, aprimorando assim a qualidade de estarmos no presente. No tempo da vida.

Apresento aqui um aspecto de cada texto para instigar o leitor a se beneficiar da riqueza produzida pelos autores.

Na introdução, Marlene Marra e Heloisa Fleury destacam a chama da transformação social em J. L. Moreno, origem da construção de sua metodologia. E refletem sobre aspectos teóricos que embasam as relações grupais.

Os capítulos se abrem com Zoltán Figusch, sociodramatista húngaro. Ele retrata a contemporaneidade sempre em movimento do sociodrama brasileiro, em uma "cultura colorida e fascinante".

Adelsa Lima da Cunha traz a riqueza do processo do encontro do sociodramatista com seu grupo: medos, fantasias, dificuldades. De repente, espontânea, floresce numa linda sessão de integração de participantes na jornada de uma escola.

Marília Marino percorre o caminho de Adelsa com joias teóricas sobre os pontos mais relevantes do relato e ensina a cada passo trilhado.

Cida Davoli, coragem descolonizada, dirige na Itália pessoas do mundo inteiro. Seu trabalho é liberdade. A cena emerge da plateia e a plateia se faz cena. Não importa se a partir de uma frase, de uma fala, de um diálogo. Estimula a voz dos que querem dizer e não dizem.

Pedro Mascarenhas aponta possíveis desdobramentos metodológicos e desvela a dimensão política de uma direção brasileira instigante num país europeu, lidando com participantes do Primeiro Mundo.

Dalmiro Bustos nos mostra a possibilidade de realizar no caos o Encontro. O humano imerso no humano permitiu-lhe ir ao encontro de seu semelhante. Trata de pais – como é o seu caso – de filhos que foram para a guerra e com eles criaram saídas possíveis.

Marisa Greeb comenta o texto anterior e aponta a importância da sociologia e da filosofia na formação do psicodramatista.

Marlene Marra nos enriquece ao refletir sobre a utilização do grupo de ressonância como instrumento no trabalho com grandes grupos. Ajuda a sintetizar com clareza e vigor as descobertas surgidas durante o processo de desenvolvimento dos grupos.

Heloisa Fleury analisa o texto anterior retomando o conceito contemporâneo do conhecimento. Enfatiza a importância das ações grupais que estimulam o espontâneo na construção de um saber coletivo.

O relato de Regina Fourneaut Monteiro flui. É de alguém que detém a chama dos valores vividos no cotidiano. O fato de ter ficado diante do Teatro Municipal, uma das catedrais da refinada cultura paulistana, e lidado com o desafio de propor um encontro para homens e mulheres que passavam por ali é a prova de que ela incorporou suas crenças.

Terezinha Baptista amplia a relevância do trabalho de Regina, revisita a metodologia sociodramática com base nesse encontro e aponta a transgressão/criação de técnicas sociodramáticas para atender às necessidades de grandes grupos na busca da cidadania.

Sergio Perazzo nos traz a riqueza do trabalho envolvendo as relações humanas: um sociodrama com congressistas espanhóis numa instituição em conflito. Que coragem, diretor! Em seguida, o autor nos relata um sociodrama que não acontece. Desvela a dança das relações humanas com base nos diferentes papéis: diretor, grupo, professores, supervisionandos.

Luís Falivene Alves reflete sobre o texto de Perazzo facilitado, como diz, pela afinidade. Num artigo harmonioso, aponta as questões relacionais que se estabelecem entre diretor e grupo. O autor nomeia "temadrama" os sociodramas com um tema inicial de investigação – os quais consistem em um importante trabalho de desenvolvimento para os grupos que, às vezes, por preconceito, é considerado menor.

Wilson Castello de Almeida, um diretor sociodramatista educador, mostra que o diretor deve ter cadência, contatar o grupo presente com um ritmo que permita a inclusão. Sem pressa. Que bom! Ele traz para o aquecimento uma ciranda. Aquece com alegria. O público participa. As frases finais revelam a profundidade do processo.

José Roberto Wolff segue os passos de Wilson Castello, seu interlocutor: é didata como ele e destaca a alegria, preceito fundamental moreniano.

Milene Féo traz para o Sociodrama a criação de suas cenas ancoradouras: "portos". É a partir delas que os alunos, os participantes e o público podem se identificar, visitar o céu aberto de significados pessoais e grupais, e, assim, resignificar a vida.

No comentário de Anna Maria Knobel, a complexidade do movimento de Milene aparece. O avesso do avesso na aprendizagem do psicodrama. Viver múltiplas versões das múltiplas cenas. A desconstrução das certezas unificadoras com base nas dramaturgias ancoradouras pode permitir a todos voar.

Maria da Penha Nery e Marlene Marra, num texto primoroso sobre inclusão social e sociodrama, salientam a importância de uma consciência crítica para o sociodramatista, sem a qual arrisca-se a reproduzir o sistema de poder. A brecha do trabalho sociodramático está no processo contínuo de aprendizagem humana. E a identidade e a cultura podem ser empecilhos ou facilitadores para os encontros.

Marlene Marra, Liana Fortunato Costa e Marilene Grandesso finalizam o conjunto dos capítulos e conduzem uma brilhante conversa sobre cultura e significados.

Como pensar a cultura neste país, cuja população tem as mais diferentes origens e, portanto, linguagens, códigos e valores díspares? E o poder da cultura das classes dominantes?

Sabemos muito bem que as soluções prontas não realizam mudanças. A construção de um saber coletivo, surgido do cuidado com o vivido e com quem vive a experiência em questão – isso sim é transformador!

Quando terminei a leitura dos trabalhos realizados por meus colegas sociodramatistas, meu coração pulsou de esperança.

Este livro chega em boa hora!

Vivemos em cidades nas quais homens e mulheres, em situação de vulnerabilidade social nas ruas, são mortos enquanto dormem. Em cidades em que, para a limpeza do centro, lavam-se as ruas e as pessoas. Onde não há casas suficientes para todos. Onde as filas nos hospitais fazem os doentes desistirem ou morrerem de vez. Onde, nas escolas, muitos meninos e meninas inteligentes não se alfabetizam.

Precisamos nos empenhar em olhar, olhar de novo, nos deixar afetar por essa realidade doente, logo ali em nossa esquina. E procurar com todos os instrumentos e valores que a socionomia nos proporciona. Precisamos encontrar as pessoas. E, com elas, transformar a vida.

Maria Alice Vassimon
Psicopedagoga, psicodramatista e
especialista em trabalho terapêutico comunitário

Introdução

Tendências atuais no campo das intervenções e da aplicação do sociodrama como método

Heloisa Junqueira Fleury e Marlene Magnabosco Marra

J. L. MORENO, AINDA NA DÉCADA DE 1930, propôs uma base conceitual para a transformação social. Na introdução de *Quem sobreviverá?*, ele nos relata como começou a procurar um procedimento terapêutico que facilitasse ao homem e aos grupos a busca de sua inclinação natural e suas tendências espontâneas. O método estaria baseado "nas afinidades entre as pessoas e nos padrões resultantes de suas interações espontâneas, padrões esses utilizados como guia para a classificação, para a construção e, quando necessário, para a reconstrução dos agrupamentos" (Moreno, 2008, p. 44).

Quando Moreno, na aplicação do método do sociodrama, considerou toda a plateia como atores sociais, agentes terapêuticos, ele tinha a certeza de que, ao ampliar a subjetividade do sujeito no compartilhamento de suas emoções, histórias, percepções, estaria alargando a capacidade e expansividade desses sujeitos, buscando uma interação que fosse mais eficaz para eles próprios. Expansividade, segundo Moreno (1992), é a capacidade de o indivíduo manter a afeição de outros por determinado período.

Assim, em uma intervenção grupal, todos são protagonistas ou, então, são representados por eles, mediante espaços de intersecção e ressonâncias presentes na interação. Os participantes dividem um espaço de subjetividade na situação experimental. Constroem um contexto real, e a capacidade afetiva se expande, pois a aplicação do método está sempre baseada em princípios sociométricos e nas estruturas conceituais complementares.

Moreno desenvolveu técnicas que favoreciam a busca de uma produção grupal espontânea, ancoradas no que denominou "princípio da espontaneidade". Adotou também o princípio da liberdade, garantindo que cada um, além de imprimir sua intenção, fosse também autor, diretor e apresentador da produção. Diante de correntes psicológicas contraditórias e conflituosas que surgiram em decorrência, buscou uma técnica da liberdade que equilibrasse as forças sociais espontâneas, proporcionando unidade ao todo. Nessa época, nomeou "unidade orgânica e social da humanidade" esse organismo unitário com princípios de organização conhecidos, condição essencial para a aplicação de um procedimento que pudesse ser chamado de terapêutico, por ter como objetivo a humanidade (Moreno, 2008, p. 46-7).

O alto grau de participação espontânea permite ao participante fazer cada vez mais escolhas sociométricas, de tal modo que a gama de papéis e o aumento da expansividade possibilitem ao indivíduo mostrar-se com maior desprendimento. Essa é a referência para os preceitos éticos reguladores desse movimento: 1) dê verdade e receba verdade; 2) dê amor para o grupo e ele lhe devolverá amor; 3) dê espontaneidade e ele lhe retornará, resultando em uma mudança social. O contexto é transformado em um palco multidimensional, cedendo espaço e liberdade à espontaneidade expressa no movimento, ação e interação entre as pessoas.

Moreno foi bastante enfático quando afirmou que mudanças sociais implicam uma ação aqui e agora, com as pessoas e por meio delas (2008, p. 143-5). Considerou que o sociodrama poderia ser um dos instrumentos científicos de ação social, com caráter preventivo, didático ou mesmo de reconstrução de uma comunidade, pelo fato de que suas produções e soluções originam-se do próprio grupo.

Ao buscar um corpo teórico consistente, Moreno também elaborou referências para a compreensão do desenvolvimento infantil. Julgou que os primeiros padrões relacionais são desenvolvidos no relacionamento do recém-nascido com seu contexto, no processo nomeado "matriz de identidade". Assim, essas primeiras estruturas interpessoais são formadas com componentes biológicos, psicológicos e sociais, influenciando as interações sociais ao longo da vida.

No processo de desenvolvimento, a criança interage com os cuidadores, que fornecem todo o contexto sociocultural circunvizinho ao espaço inter-relacional. Naffah Neto (1997, p. 125) compreende que Moreno transferiu o conceito de inconsciente para uma dimensão intersubjetiva. Dessa maneira, a dimensão intrapsíquica é expandida para incluir conservas culturais com raízes na cultura, com suas regras, prescrições, tabus e ideologias.

No campo biológico, essas concepções teóricas correspondem à operação de um sistema de neurônios-espelho no cérebro, os quais foram reconhecidos, no início da década de 1990, como a base neurológica de como compreendemos as ações de outro ser humano, o que pode explicar nossas habilidades sociais (Hug, 2008). Atuam desde o começo da vida social, favorecendo a criação de um espaço intersubjetivo. Podem, porém, levar a percepções distorcidas em razão de diferenças entre as pessoas, o que tende a se acentuar quando são de culturas diversas.

O espaço do sociodrama possibilita, por sua vez, a validação e a resolução desse conflito, uma vez que as ações expressas no movimento intersubjetivo do grupo esclarecem as diferenças e modificam as conservas culturais, permitindo ao grupo expandir suas concepções acerca de suas dificuldades.

No processo interativo, todas as ações são influenciadas por padrões relacionais desenvolvidos desde o início da vida, assim como ocorre com a criação de imagens, sentimentos, intuições, os quais podem ser compreendidos como manifestações de estados coconscientes e coinconscientes.

Esses estados, relativos aos fenômenos entre pessoas e dentro dos grupos, medeiam padrões relacionais. Para Moreno (1961), no primeiro encontro de dois indivíduos, esses estados vão sendo reforçados. O autor ressalta que os estados coinconscientes resultam não só do contato direto entre pessoas próximas, mas também de experiências compartilhadas de natureza social e cultural, nas quais há um contato indireto, transpessoal ou simbólico. Nesse campo, surge uma interpsique cultural, viabilizando o sociodrama de grupos maiores (Moreno, 1961).

Quando um grupo se encontra pela primeira vez, uma fina ligação começa a crescer entre os participantes. Essa rede preliminar origina-se dos subgrupos, mas vai se fortalecendo, de acordo com a experiência precedente ou coordenação do grupo. A rede é influenciada pelo ambiente, história do grupo, similaridades e diferenças entre os participantes, líder, determinantes políticos e/ou sociais etc. (Rodrigues, 2005). O que ocorre é similar ao que Moreno (1993) explica como lei ou efeito sociodinâmico: grupos criam uma rede de conexões que seguem leis e regras específicas para eles. Parte desse conteúdo é consciente, como o objetivo da reunião. Outras partes são inconscientes, como mitos, códigos etc. Os estados coinconscientes podem facilitar (ou não) a constituição e a manutenção do grupo (Rodrigues, 2005).

As emoções dos participantes estimuladas pela rede télica no grupo podem criar estados subjetivos similares em alguns deles. O foco nessa rede proporciona organização às experiências, emoções, pensamentos e sensações, transformando esse conteúdo coinconsciente no material compartilhado. Knobel (2007) compreende que tal experiência promove a familiaridade, a intimidade e a fusão momentânea, o sentimento de compreender o outro. Para a autora, na atividade sociopsicodramática, o compartilhamento de cenas no aqui e agora abre canais para novos papéis espontâneos.

Moreno (1961) conceituou uma interpsique cultural, resultante dos estados coinconscientes provocados por experiências compartilhadas de natureza social e cultural. Atualmente, novos referenciais para a compreensão de processos inconscientes de transmissão de experiências sociais e culturais estão sendo desenvolvidos e confirmam a importância dessa dimensão no trabalho com qualquer população.

O profissional de saúde mental, perante uma população mais oprimida, corre o risco de ter bloqueada sua habilidade para ouvir situações relativas a essa opressão, uma vez que profundas emoções associadas à raça, à cultura, ao sexo e outras diferenças sociodemográficas tendem a não ser abertamente discutidas. São necessárias intervenções que validem as diferenças, distinguindo problemas intrapsíquicos daqueles próprios da opressão (Sue e Sue, 2008). A cultura pode ser examinada segundo duas dimensões: a objetiva, representada pelas artes plásticas, pela literatura etc.; e a subjetiva, concernente a valores, crenças, atitudes, comportamentos, padrões de verbalização e maneirismos. A cultura subjetiva, mais do que ser atribuída a características pessoais, tem origem política e social (Purnell e Paulanka, 2008).

O sociodrama naturalmente evidencia a dimensão relacional (expressa nos estados coconscientes e coinconscientes) e a dimensão sociocultural (atentando para as diferenças sociodemográficas e a cultura subjetiva da população). Quando pensamos em organizar este livro, queríamos dar visibilidade às tendências atuais desse método, desenvolvido por J. L. Moreno ainda na década de 1930.

Consideramos essencial iniciar com a apresentação do modelo contemporâneo de sociodrama brasileiro. Adotamos um olhar distanciado – de um estrangeiro, com outras referências de formação – e, ao mesmo tempo, um olhar próximo, pelos muitos entrelaçamentos da experiência do Zoli Figusch com a prática sociodramática brasileira.

A seguir, convidamos um seleto grupo de brasileiros – dentre os quais o querido brasileiro-argentino Dalmiro Bustos – a "brindar" o sociodrama: a uma parte deles, coube o compartilhamento das intervenções sociodramáticas; aos demais, o processamento (o olhar distanciado).

Finalizamos com algumas reflexões sobre a diversidade contemporânea, tanto a cultural como a relativa aos olhares atuais sobre a prática grupal.

Poderemos identificar marcadores do sociodrama brasileiro nas experiências relatadas e processadas neste conjunto de textos? Nossa esperança é de que identifiquemos muitos diferenciais, possibilitando um detalhamento teórico-metodológico que eleve esse método proposto por Moreno ao seu lugar de instrumento por excelência para o desenvolvimento sociocultural da sociedade.

Nosso objetivo maior é responder ao sonho de Moreno, afirmando que, na década de 2010, o sociodrama tornou-se um dos instrumentos científicos de ação social.

"I have a dream..."
Martin Luther King Jr. (1929-68)

Referências bibliográficas

HUG, E. "Neurônios-espelho e o espaço intersubjetivo". In: FLEURY, H. J.; KHOURI, G. S.; HUG, E. (orgs.). *Psicodrama e neurociência*. São Paulo: Ágora, 2008, p. 31-48.

KNOBEL, A. M. "Sociometric scenarios and psychotherapy". In: BAIM, C.; BURMEISTER, J.; MACIEL, M. (eds.). *Psychodrama: advances in theory and practice*. Londres: Routledge, 2007, p. 215-25.

MORENO, J. L. "Interpersonal therapy and co-unconscious states: a progress report in psychodramatic theory". *Group Psychotherapy*, v. 34, n. 3-4, p. 234-41, set./dez. 1961.

_____. *Psicoterapia de grupo e psicodrama*. 2. ed. rev. Campinas: Psy, 1993.

_____. *Quem sobreviverá? Fundamentos da sociometria, da psicoterapia de grupo e do sociodrama*. São Paulo: Daimon – Centro de Estudos do Relacionamento, 2008 (edição do estudante).

_____. *Quem sobreviverá? Fundamentos da sociometria, psicoterapia de grupo e sociodrama*. Goiânia: Dimensão, 1992.

NAFFAH NETO, A. *Psicodrama: descolonizando o imaginário*. São Paulo: Plexus, 1997.

PURNELL, L.; PAULANKA, B. *Transcultural health care*. 3. ed. Filadélfia: Davis Company, 2008.

RODRIGUES, R. A. "A escolha profissional na cena do teatro de reprise". In: FLEURY, H. J.; MARRA, M. M. (orgs.). *Intervenções grupais nos direitos humanos*. São Paulo: Ágora, 2005, p. 69-91.

SUE, D. W.; SUE, D. *Counseling the culturally diverse: theory and practice*. 5. ed. Hoboken: John Wiley, 2008.

Capítulo 1

O modelo contemporâneo de sociodrama brasileiro[1]

Zoltán (Zoli) Figusch

DEPOIS DAS TENTATIVAS INICIAIS de Guerreiro Ramos de introduzir a psicoterapia de grupo, o psicodrama e o sociodrama em seu trabalho social com relações raciais (Malaquias, 2007), a chegada definitiva ao Brasil dos métodos de ação de Moreno aconteceu em 1967, graças a Rojas-Bermúdez, professor e pesquisador de origem colombiana/argentina. Na sequência de uma série de sessões públicas de psicodrama dirigidas por ele, Rojas-Bermúdez foi convidado a treinar profissionais em psicodrama terapêutico, tornando seus estudantes os pioneiros do movimento psicodramático brasileiro (Pamplona da Costa, 2005a).

Possivelmente devido à brutal opressão da ditadura militar (1964-85) a qualquer tipo de reunião grupal, o método de Moreno, de início, foi praticado principalmente com intenções psicoterapêuticas, ficando restrito aos consultórios, clínicas particulares e hospitais psiquiátricos. De acordo com Mascarenhas (2008), por mais que isso tenha sido necessário para a sobrevivência do método, custou-lhe a diminuição de seu potencial e impacto social,

---

1. Artigo originalmente intitulado "The Brazilian contemporary model of sociodrama". In: WIENER, R.; ADDERLY, D.; KIRK, K. (orgs.). *Sociodrama in a changing world*. Trad. Ricardo Florez. Reino Unido: edição do autor, 2010.

tornando-se mais um método de psicoterapia de caráter elitista e, assim, disponível para poucos.

Entretanto, com as mudanças políticas dos anos de 1980, houve um *boom* de métodos de ação, e sua utilização foi expandida para grupos maiores e espaços comunitários mais abertos. Em resposta ao chamado de Moreno, profissionais levaram os métodos de ação para além das paredes dos consultórios, atingindo maior parcela das comunidades e da sociedade. O método desenvolveu-se e ganhou um caráter mais socioeducativo e político, com forte potencial de mobilização social, chamando a atenção para os problemas socioculturais que pulsam no contexto da vida existencial, social e institucional desta nação cheia de contradições, contrastes e com diversidade extraordinária. Emerge, então, um arranjo colorido de práticas sociodramáticas[2], as quais, em sua essência, parecem mais proximamente relacionadas às origens dos métodos de ação e à matriz moreniana inicial de teatro espontâneo (Chaves Vale, 2001).

Knobel (2009) descreve o modelo conceitual brasileiro de sociodrama como um dispositivo teórico e prático que, conquanto fiel às ideias originais de Moreno, foi também continuamente desenvolvido e refinado. Neste capítulo, tentarei apresentar uma visão geral desse modelo, introduzindo as estruturas teóricas que lhe dão suporte, bem como as diferentes formas de sua aplicação prática.

O eixo teórico do modelo brasileiro de sociodrama

O lugar do sociodrama no projeto socionômico de Moreno

O *projeto socionômico* de Moreno explora as leis de desenvolvimento social e o desenvolvimento de relações sociais (as leis que

---

2. Em consequência de os métodos de ação serem inicialmente introduzidos na prática psicoterápica (*psicodrama*) e apenas mais tarde passarem a ter um objetivo social mais amplo (*sociodrama*), no Brasil o termo "psicodrama" tornou-se genérico, sendo frequentemente usado, também, para descrever trabalhos sociodramáticos. (Mais recentemente, alguns autores começaram a usar o termo "sociopsicodrama".) Para não confundir o leitor com a terminologia, usarei o termo "sociodrama" em todo o capítulo.

definem o comportamento social e grupal) apoiado no tripé: 1) *sociodinâmica* (o estudo das relações interpessoais, analisando a estrutura, o desenvolvimento e o funcionamento de grupos por meio da interpretação de papéis e do jogo de papéis); 2) *sociometria* (medida e diagnose de relações interpessoais por meio do teste sociométrico); e 3) *sociatria* (o tratamento de relações interpessoais e sistemas sociais).

O sociodrama (aliado ao psicodrama) é um *método sociátrico* que funciona na intersecção dos fenômenos sociais e individuais (Davoli, 1990) e tem os papéis sociais como foco principal de exploração. Moreno o define como um "tipo coletivo de psicoterapia de grupo [...] que é centrada no grupo e focaliza sua atenção nos denominadores coletivos e não está interessada nos diferenciais individuais ou nos problemas privados que produzem" (1946, p. 364). Menegazzo *et al.* (1995) afirmam que esse tipo de trabalho deveria ser sempre executado privilegiando os papéis e relações sociais, sem que seja "contaminado" com fantasias transferenciais individuais.

Estratégia de direção

Segundo Knobel (1996), o facilitador grupal, quando estiver trabalhando no contexto do sistema moreniano, poderá escolher entre três possíveis estratégias de direção: a) foco sociométrico/sociodinâmico; b) foco protagônico[3]; e c) foco na criação coletiva espontânea, sendo esta o objetivo do trabalho sociodramático.

O sociodrama procura engajar e colocar em ação estados espontâneos, o que resulta na emergência de dramatizações coletivas, em que o grupo pode experimentar o jocoso, o jovial, o novo e o estético. As histórias assim criadas e experimentadas muitas vezes

---

3. Ao trabalhar com um foco *sociométrico/sociodinâmico*, o diretor centrará a atenção na estrutura do grupo e seus subgrupos, nos status e nas posições sociométricas dentro do grupo, bem como nos átomos sociais e nos critérios segundo os quais os participantes se organizam no grupo. Quando adota um *foco protagônico*, o diretor centrará a atenção na pessoa dentro do contexto dramático que emerge com interpretação de um personagem que seja representativo das relações estabelecidas entre os membros do grupo (ou entre o diretor e o cliente) e seus projetos dramáticos comuns (Falivene Alves, 2005).

Zoltán (Zoli) Figusch

revelam as fantasias inconscientes do grupo. Essas experiências focadas na espontaneidade com frequência podem se manifestar por meio de metáforas, dando voz à imaginação (ao imaginário coletivo). Mitos pessoais e coletivos emergem constantemente durante esse tipo de trabalho arquetípico. Acompanhando essas experiências, é também comum que o coordenador grupal e o grupo estabeleçam paralelos entre as histórias metaforicamente experimentadas e as dinâmicas do momento social do grupo.

As fases do trabalho sociodramático

Knobel (1996, 2009) ressalta que os diretores, na coordenação de um sociodrama, devem reconhecer as fases de desenvolvimento do grupo e as leis de dinâmicas supraindividuais, e planejar suas intervenções de acordo com isso. Essas fases são:

1. *O momento de isolamento.* Característico de todos os grupos recém-formados, o momento de isolamento revela que as pessoas não se conhecem, ainda não estabeleceram contato, as características e os papéis individuais não estão diferenciados, e não existe ação conjunta. Os participantes do grupo frequentemente sentem medo, ansiedade e insegurança.

Os objetivos do diretor nessa fase são: centralizar a comunicação e promover o aquecimento; definir o contrato grupal e os objetivos da atividade; conter a ansiedade intensa e os sentimentos persecutórios dos participantes e promover uma sensação de segurança compartilhada; ajudar os participantes a se tornarem membros do grupo; propor exercícios introspectivos, com a intenção de conectá-los com suas expectativas e fantasias em relação ao que vai acontecer no grupo, encorajando breves contatos entre eles e compartilhando todo o processo.

2. *O momento de diferenciação horizontal.* Os participantes apresentam-se em sua singularidade e observam a dos outros; constelações sociométricas são formadas e depois dissolvidas, deixando uma sensação de confusão.

Além de continuar promovendo a sensação de segurança do grupo, o diretor tem as seguintes tarefas: mapear perfis de identidade (etnicidade, nacionalidade, profissão, idade, sexo etc., ou outras características relevantes aos objetivos do evento); permitir contatos múltiplos, baseados na complementaridade de papéis; reconhecer e validar diferenças e a diversidade.

3. *A explicitação dos núcleos comuns de papéis*. Depois de haver reconhecido as diferenças individuais, o diretor concentra-se nas identidades de papéis compartilhadas no grupo (denominadores coletivos), procurando concretizá-los na forma de personagens ou cenas. Nesse ponto, os indivíduos desempenhando os papéis são irrelevantes, tendo em vista que tais personagens aglutinarão aspectos de todos (núcleos comuns de papéis).

Um *processo de identificação* com os núcleos comuns de papéis então ocorre, por meio de *identificação subjetiva* e/ou *identificação objetiva*. A identificação subjetiva é a emergência da subjetividade individual (a história pessoal de determinado participante) em meio à realidade compartilhada do grupo[4]. A emergência de atitudes e comportamentos mais frequentes, predominantes e característicos de uma cultura específica indicará a identificação objetiva.

4. *O momento de diferenciação vertical*. Centrando a atenção em determinadas dinâmicas coletivas de papéis (núcleos comuns de papéis), verifica-se que um ou mais subgrupos emergem, diferenciando-se do resto do grupo. Movidos pela necessidade de pertencimento, os indivíduos identificam-se com um ou outro subgrupo, criando assim um clima de cooperação e colaboração intragrupal de um lado e competição e rivalidade intergrupal de outro.

O grupo está agora suficientemente aquecido para a produção espontânea, e sua espontaneidade é canalizada para uma ação dramática. O diretor pode optar por explorar dramaticamente cenas separadas trazidas por subgrupos diferentes ou ajudar o grupo

---

4. A autora acredita que o diretor do sociodrama deva aceitar e reconhecer emoções individuais intensas emersas no grupo. Entretanto, em vez de explorar o enredo pessoal por trás desses sentimentos de modo psicodramático, ele deveria trabalhar tendo em vista suas expressões metafóricas. A razão para isso é que o contrato grupal de um trabalho sociodramático não autoriza a função psicoterapêutica do diretor (Knobel, 2009, p. 172).

24 Zoltán (Zoli) Figusch

como um todo a chegar a uma cena/objetivo comum, que é então explorada. Suas principais tarefas são: apoiar a emergência das lideranças nos subgrupos e no grupo como um todo; explicitar e administrar diferenças, bem como reciprocidades e objetivos comuns; facilitar a encenação dramática dos objetivos comuns de todo o grupo e/ou dos subgrupos; promover uma análise interpretativa das experiências dos participantes; e, por fim, atingir um fechamento para a atividade.

Áreas de aplicação

Práticas comunitárias – sociodramas públicos e sociodramas de rua: Inspirados pelos psicodramas públicos e primeiros trabalhos comunitários de Moreno, eventos de sociodramas públicos foram introduzidos em agosto de 2003, no Centro Cultural São Paulo[5]. São eventos semanais conduzidos por diferentes coordenadores e frequentados por um público variado (com média de 65 participantes por evento); a intenção é criar um espaço de inclusão, no qual os habitantes da megalópole que é São Paulo possam respirar e criar novas maneiras de viver. No entender de Mascarenhas (2008), o termo "público" refere-se a: a) uma característica do grupo (um grupo aberto e predominantemente não processual, explorando temas e assuntos de interesse público); e b) uma característica do contexto social e grupal (pois esse trabalho ocorre em uma instituição pública e é gratuito)[6].

Indo além dos muros do Centro Cultural, profissionais levaram o sociodrama às ruas das grandes cidades brasileiras, usualmente trabalhando com grande número de participantes. Monteiro (2009) descreve o primeiro sociodrama encenado em uma praça

---

5. Veja detalhes em: www.psicodramaccsp.wordpress.com.
6. Outra tentativa de estabelecer sessões públicas abertas aconteceu em 1984 no Centro para Estudos Relacionais Daimon, uma iniciativa de Fonseca com o objetivo de oferecer acesso à psicoterapia para pessoas sem recursos financeiros (para se envolverem em uma psicoterapia processual). Ainda que públicos, devido ao seu foco predominantemente psicoterapêutico, esses atos são definidos por Goffi (2004) como "atos terapêuticos únicos" e, portanto, diferem das sessões públicas ocorridas no Centro Cultural.

pública em São Paulo, em 18 de maio de 1990. Em 1995, ela fundou a companhia de teatro espontâneo Extramuros, com a intenção de levar métodos de ação a espaços comunitários públicos[7]. Evento de rua sem precedentes, foi coordenado por Marisa Greeb em 21 de março de 2001. Sociodramas de rua foram dirigidos simultaneamente em 185 localidades da cidade de São Paulo, envolvendo 700 psico/sociodramatistas e cerca de dez mil participantes (Greeb, 2009). Algumas das técnicas utilizadas nesses *settings* serão apresentadas mais à frente.

Guimarães (2002) e Marra (2006) entendem esses eventos como formas de prática comunitária com forte teor sociopolítico, econômico e cultural. Como se desenvolveram em um vazio social com participação civil e política praticamente inexistente, essas ações tentam promover participação política, solidariedade e inserção social, permitindo que os cidadãos se envolvam com políticas/procedimentos públicos e se tornem ativos na busca de soluções para problemas comunitários.

Sociodrama em educação: O sociodrama foi introduzido em *settings* educacionais de todos os níveis, com o objetivo principal de desenvolver e cultivar a criatividade e espontaneidade de alunos/estudantes, possibilitando que eles se tornem agentes de seu próprio aprendizado. Silva (2008) mostra que o intuito, nesse caso, não é o de explorar conteúdos privados e internos dos participantes, mas expandir sua consciência sobre certos assuntos e promover o desenvolvimento e o crescimento de papéis profissionais. Algumas aplicações pedagógicas do sociodrama mencionadas na literatura são: trabalhos de inclusão racial com estudantes universitários (Nery e Conceição, 2006); trabalhos educacionais de prevenção da aids e outras doenças sexualmente transmissíveis com adolescentes indígenas (Scaffi, 2002); a utilização do sociodrama como ferramenta de investigação, avaliação e intervenção em ciências educacionais (Marra, 2008).

---

7. Veja na obra de Monteiro (2009) os eventos públicos dirigidos por ela.

Sociodrama como ferramenta de pesquisa-ação: Marra e Costa (2004) consideram o sociodrama como uma ferramenta de pesquisa qualitativa, argumentando que grupos e organizações podem ser mais bem investigados em seu funcionamento em plena manifestação de sua espontaneidade e criatividade (*in situ*). Para essas autoras, a característica mais importante da pesquisa-ação é a interação de sujeitos e pesquisador/es (ambos sendo observadores-participantes), considerando-se também como se dá essa interação (o contexto do grupo em crise) quando surgem os problemas a serem investigados. A ação, portanto, não é um objetivo em si mesmo, mas um meio de ampliar o conhecimento e a compreensão dos participantes, transformando-os em autores/atores de transformação e desenvolvimento de seus grupos/organizações, por meio da utilização da decisão grupal e da democratização como técnicas para a mudança social.

O tipo e o tamanho dos grupos em trabalhos sociodramáticos

Com base nos critérios de coerência, objetivos e relações entre os membros de um grupo no contexto social, Davoli (2009b) identifica cinco diferentes tipos de grupo:

- *multidão*: grupo caracterizado por grande número de pessoas reunidas sem terem objetivos comuns ou explícitos, com interação limitada ou não existente entre eles, havendo uma sensação de solidão entre os membros do grupo;
- *bando*: grupo com um número mais limitado de indivíduos reunidos em busca de semelhança, o qual dura apenas o mesmo tempo que a sua semelhança;
- *agrupamento*: tipo de grupo com membros regulares e objetivos comuns relativamente consistentes (que os membros não buscam fora dele), com papéis de liderança alocados a representantes;
- *grupo primário*: tipo de grupo que tem normas e objetivos comuns, comunicação interindividual e relacionamentos afetivos, papéis claramente definidos e solidariedade en-

tre seus membros, que também se manifesta fora do grupo (por exemplo, grupos familiares e de trabalho);

- *grupo secundário*: tipo de grupo que compreende as organizações sociais, com seus membros aderindo a objetivos determinados, e tem suas relações e papéis governados por estruturas funcionais.

Por meio de aquecimento para projetos dramáticos comuns, multidões e bandos podem se transformar em agrupamentos (sociodramas públicos ou de rua). No entanto, Davoli (2009b) argumenta que os principais grupos-alvo do sociodrama são os grupos primários e secundários. Os membros desses grupos podem ser reunidos com o propósito de explorar temas específicos, ou de perseguir objetivos comuns que sejam relevantes ao seu funcionamento.

Com relação ao tamanho, os autores brasileiros concordam com Moreno quando ele afirma que o grupo sociodramático "não é limitado por um número específico de indivíduos; pode ser constituído por tantas pessoas quantos sejam os seres humanos vivendo em qualquer lugar, ou pelo menos tantas quantas pertençam à mesma cultura" (1946, p. 354).

Técnicas e modalidades de trabalho sociodramático – eixo prático

Como mencionado na Introdução desta obra, muitas das práticas sociodramáticas brasileiras tiveram origem nos trabalhos de Moreno com o teatro espontâneo. Vários autores consideram esse método como sendo o verdadeiro ancestral do sociodrama (Aguiar, 2001, 2005; Davoli, 2009b). Aqui, o teatro espontâneo é entendido como uma modalidade genérica de trabalho, com sua matriz no *Stegreiftheater* (teatro da espontaneidade de Viena)[8].

---

8. Entre 1921 e 1925, Moreno (1947) trabalhou com formas diferentes de teatro, incluindo o teatro do conflito (teatro crítico), o teatro da espontaneidade (teatro imediato), o teatro terapêutico (teatro recíproco) e o teatro do criador. Sua intenção era resgatar o potencial espontâneo e criativo dos indivíduos, e pesquisar estados espontâneos e criativos em seu *status nascendi* (Chaves Vale, 2001).

28 Zoltán (Zoli) Figusch

Durante e após o *boom* dos anos 1980, várias modalidades de trabalho sociodramático emergiram no Brasil. Como ramificações diretas do *Stegreiftheater* de Moreno, Aguiar (2001, 2005) relaciona: o teatro espontâneo em sua forma original, matricial; o jornal vivo; o axiodrama; e a multiplicação dramática. O *playback theatre* e o teatro do oprimido também são considerados por Aguiar como formas de teatro espontâneo, embora sejam originários do teatro tradicional, e não do *Stegreiftheater*. Além disso, outras técnicas originais também foram desenvolvidas, tais como o psicodrama líquido, o vídeo e o telepsicodrama, a dramaturgia ensaiada e a retramatização. Esse colorido movimento contemporâneo de teatro espontâneo revigorou as raízes teatrais, catárticas e estéticas do sociodrama. A seguir, apresentarei brevemente o contexto, as definições e as aplicações dessas modalidades de trabalho.

Teatro espontâneo em sua forma matricial

Além de cumprir as funções essenciais do teatro tradicional (comunicação estética, compreensão compartilhada, participação e transformação), o teatro espontâneo também resgata as bases teatrais, metodológicas e epistemológicas da sociatria (ramo da socionomia que se ocupa da investigação e tratamento das relações interpessoais e de sistemas sociais). A pressuposição básica do teatro espontâneo é que a experiência da *cocriação* tem o potencial de fazer emergir a crença em que problemas coletivos possam ser resolvidos por meio de uma busca coletiva por sua solução; isso pode desencadear mudanças fundamentais na atitude e clima afetivo do grupo, bem como melhor compreensão, por parte de cada participante, de seu próprio papel na comunidade mais ampla[9].

---

9. Como enfatiza Baptista, quanto mais próximo chegarmos dessas mudanças, "maior será o sucesso social, preventivo, desenvolvimentista e responsável que se alcançará. E quanto maior for o número de participantes de um grupo, mais amplificada será essa repercussão, pois é legítimo supor que cada integrante é um potencial multiplicador desta experiência para outros grupos aos quais pertença" (2003, p. 163).

O teatro espontâneo é um método interativo de cocriação, representando o drama do aqui e agora, eliminando o roteiro "pré--pronto" e as cenas construídas de maneira clássica. Tudo é improvisado (o tema, a produção, o encontro e a resolução do conflito), com o trabalho se desenvolvendo no momento da dramatização e os autores e atores emergindo da plateia (Davoli, 2009b; Moreno, 1947). Segundo Aguiar (2001, 2005), o teatro espontâneo cumpre funções socioanalíticas, socioterapêuticas, educacionais e psicoterapêuticas, e tem os seguintes objetivos:

- liberar e promover o potencial espontâneo-criativo do indivíduo e do grupo, permitindo aos participantes que encontrem soluções para problemas coletivos;
- ajudar o participante a compreender seu papel na comunidade maior, sujeitando-o à catarse de integração interpessoal e intergrupal;
- explorar, melhorar e promover a autoconsciência e a reestruturação de papéis e relações sociais e psicológicas;
- desvendar o coconsciente e o coinconsciente do grupo.

O que o teatro espontâneo procura é o nascimento do homem espontâneo, do ator espontâneo, criador e cocriador de seu próprio roteiro.

O jornal vivo

Costa e Baptista (2009) esforçaram-se para resgatar essa modalidade de trabalho, também chamada de "notícias dramatizadas". Sendo uma síntese entre o drama e o jornal, o jornal vivo é uma ramificação direta do *Stegreiftheater*, mas com um escopo intensamente sociodramático[10]. Em contraste com o teatro espontâneo, em que os assuntos e temas explorados surgem mais espontaneamente, por meio do aquecimento do grupo, o jornal vivo caracte-

---

10. Moreno (1947) trabalhou ativamente com o jornal vivo em Viena entre 1921 e 1925, e também o introduziu nos Estados Unidos, mas interrompeu esse trabalho em 1940, quando percebeu que a maneira como o método era aplicado trivializava e distorcia o projeto sociodramático.

riza-se por apresentar assuntos e temas escolhidos em recortes de jornal (uma fonte de origem pública e também ligada ao coinconsciente grupal) e, então, trabalhados coletivamente (cocriação).

Gonçalves, Wolff e Almeida (1988) descrevem os seguintes objetivos do jornal vivo:

- pesquisar e estudar processos espontâneo-criativos em seu *status nascendi*;
- explorar diagnosticamente a situação existencial, psicológica e relacional do grupo social para entender suas dinâmicas e patologias, as ideologias coletivas representadas no/pelo grupo, bem como suas necessidades e potencial para mudança;
- investigar e administrar assuntos coletivos permeados por eventos socioculturais recentes e buscar soluções por meio de catarse de integração coletiva e a consequente modificação das relações sociométricas do grupo, instituição ou comunidade.

Costa e Baptista (2009) destacam os seguintes efeitos do jornal vivo nos participantes:

- Essa modalidade de trabalho permite ao grupo a análise e reflexão sobre a realidade sociocultural de sua comunidade, mediante a experiência da criação coletiva e dos efeitos catárticos (para o grupo como um todo e para seus participantes).
- Quando experimentadas dramaticamente, as notícias são percebidas e incorporadas em um nível mais sentimental, transformando uma mensagem intelectual em emocional.
- Os personagens dramatizados também invocam memórias e sentimentos diretamente relacionados à trama pessoal dos atores espontâneos. Embora o trabalho com assuntos pessoais não seja o principal objetivo do jornal vivo, essas repercussões podem ampliar a percepção própria dos participantes.

- Já que os participantes se envolvem espontaneamente na representação de papéis, seu desempenho ganha um crescente nível de liberdade, migrando da tomada do papel para a criação de papel.

O jornal vivo é uma ferramenta hábil de trabalho grupal experimental, com aplicações possíveis seja nas áreas de saúde mental e educação, seja na área institucional.

Axiodrama

Essa modalidade de trabalho também tem origem no *Stegreiftheater*; foi definida por Moreno como uma síntese entre a ciência dos valores e os métodos de ação. Etimologicamente, o termo axiodrama diz respeito a um ato/ação focado em um eixo temático predeterminado; Moreno o usou para a exploração dramática de valores éticos e sociais, com o objetivo de revisar conservas culturais e substituir valores antiquados e suprautilizados por outros mais modernos e adequados.

O axiodrama requer planejamento preliminar do diretor e auxiliares. Eles coletam informações sobre temas predeterminados e preparam "roteiros" para os auxiliares; a função dos auxiliares é representar personagens que destaquem aspectos centrais das conservas culturais e dos valores éticos examinados. Isso serve de aquecimento para a criação de novos personagens pelo grupo, os quais, por sua interação dramática com os personagens representados pelos auxiliares, iluminarão as ideologias dos grupos a que pertencem.

No Brasil, o axiodrama é mais comumente utilizado no trabalho sociodramático com valores sociais (adição a drogas, saúde pública, tabus em torno da sexualidade e da morte, mitos sobre relacionamentos, infidelidade marital etc.); um de seus temas mais examinados é o HIV/aids (Monteiro, 2009). Esse método tenta desvendar as crenças, pensamentos, sentimentos, preconceitos e estereótipos embutidos em um nível coletivo das conservas sociais da sociedade (Zampieri, 1994).

Multiplicação dramática

Entendida por Aguiar (2001, 2005) como uma ramificação direta do *Stegreiftheater*, a multiplicação dramática foi introduzida, em 1987, pelos argentinos Kesselman, Pavlovsky e Frydlewsky como uma técnica situada na intersecção do psicodrama, teatro e psicanálise, a qual se aproxima do conceito de psicoterapia como algo que valoriza o prazer estético na arte de curar, em vez de apenas ser interpretativamente reducionista. O brasileiro Mascarenhas (2005) a desenvolveu, privilegiando seu papel como instrumento conceitual para grupos e trabalhos grupais. Essa técnica pressupõe que emergem, do coinconsciente grupal, vários fluxos sociais e materiais, que podem ser traduzidos para um fluxo associativo de cenas psicodramáticas, cada uma delas atuando como a fundação para um novo fluxo de cenas.

A multiplicação dramática obedece a uma sequência determinada, começando com os participantes grupais relatando experiências e histórias pessoais. Uma história escolhida sociometricamente é então dramatizada; no entanto, a encenação é interrompida quando surge uma cena de conflito. Nesse ponto, o objetivo do trabalho se desloca, passando a abordar todo o grupo; de maneira muito semelhante a uma associação livre, o grupo é convidado a criar espontaneamente outras cenas/histórias, inspiradas por suas consonâncias e ressonâncias em relação à cena original. Usando a improvisação, essas novas histórias são então representadas, levando a outras cenas e histórias e criando um fluxo associativo e multiplicativo de novas cenas. Apesar de não ser uma exigência absoluta, na fase de fechamento a atenção do grupo pode ser redirecionada à cena original, com o objetivo de encontrar soluções alternativas.

Originada de ensaios de treinamento experimental com facilitadores de grupos analíticos e psicodramatistas, a multiplicação dramática tem sido desenvolvida e aplicada mais amplamente em outros *settings*, tais como grupos terapêuticos de autodesenvolvimento, grupos institucionais e grupos de treinamento. Mascarenhas (2005) recomenda a aplicação da multiplicação dramática tanto em grupos processuais como em atos isolados, em grupos de psicoterapia, psicoterapia familiar, formação em psicodrama e/ou grupos de supervisão, bem como em trabalhos com facilitadores grupais e várias intervenções institucionais.

Playback theatre e teatro de reprise

As origens do *playback theatre*, desenvolvido por Fox e Salas, estão mais proximamente relacionadas com o teatro tradicional (teatro como uma forma de arte) do que com o *Stegreiftheater* de Moreno. Entretanto, o *playback* também se aproxima dos princípios do teatro espontâneo e terapêutico, ao concretizar relações humanas em ação cênica, ao propiciar a autorrealização criativa e ao ser visto como o teatro do momento.

No *playback theatre* existem distinções claras entre os papéis do diretor, dos atores, da audiência e do emergente grupal (narrador). O narrador não se envolve diretamente na representação de seu próprio drama no palco, como seria o caso no teatro espontâneo.

Segundo Chaves Vale (2001), existem duas pressuposições principais subjacentes a essa modalidade de trabalho:

- o *playback* é uma forma de teatro terapêutico, porque, depois de projetar suas histórias no palco (compartilhando-as com os outros e testemunhando, isso pode ser representado e reinvendo), o narrador ganha uma nova e mais ampla perspectiva de sua própria situação;
- as diferentes histórias narradas e dramatizadas em uma sessão ressoam e se intercomunicam, assim que emergem do coconsciente e do coinconsciente da audiência, explorando soluções para conflitos, temores, valores e peculiaridades sociométricas experimentadas pelo grupo como um todo no momento de seu encontro.

A autora conclui que o *playback theatre* é, portanto, um método sociátrico.

Uma variação do *playback theatre* é o teatro de reprise desenvolvido "à maneira brasileira" por Rodrigues (2008), com um teor psicodramático mais forte do que a proposta original de Fox (2002).

A autora descreve o teatro de reprise como uma intervenção que induz à lembrança de cenas ou sonhos passados, frequentemente relacionados a temas específicos predeterminados. Estes são, então, "teatralizados" com música por um grupo de "ego-atores" e músicos. Por meio da interconexão das histórias representadas, a autora tenta aprofundar e redefinir o significado estético e simbólico do que foi narrado, e estimula um diálogo coconsciente e coinconsciente com a audiência, mediante o compartilhamento de cenas "re-lembradas". Alguns autores convidam membros da audiência ao palco para se tornarem atores durante a dramatização, enquanto outros simplesmente criam novas cenas baseadas nas histórias narradas, em vez de representarem seus conteúdos originais (Aguiar, 2001).

O *playback* e o teatro de reprise são usados com uma grande variedade de objetivos, tais como desenvolvimento pessoal, diagnóstico grupal (institucional, comunitário, profissional), programas de desenvolvimento, além da exploração de objetivos específicos.

Teatro do oprimido

Embora não conectado diretamente ao movimento do sociodrama, o teatro do oprimido, de Boal (1992, 1995), é visto como compatível com o teatro espontâneo, não obstante tenha origem no teatro tradicional e não no *Stegreiftheater* de Moreno. Boal descreve três formas diferentes do teatro do oprimido:

- *teatro-imagem*: por meio da criação de imagens imóveis de sentimentos, vivências e experiências de opressão dos participantes, e com a consequente "dinamização" dessas imagens, essa modalidade de trabalho procura revelar verdades essenciais sobre culturas e sociedades sem utilizar a linguagem falada na fase inicial do trabalho;
- *teatro invisível*: envolve o público como participantes da ação sem saberem que se tornaram a audiência e "espectatores" de uma peça teatral;
- *teatro-fórum*: apresenta um problema não resolvido (sempre um assunto relacionado à opressão), convidando "espect-

atores" a sugerirem e encenarem soluções. O problema é exposto por membros profissionais do time, representando tanto o opressor como o oprimido.

O teatro do oprimido tem sido aplicado em uma grande variedade de *settings*, inclusive escolas, fábricas, centros comunitários, grupos de moradores de rua, pessoas incapacitadas, grupos de representantes de minorias étnicas etc., nos quais a comunidade compartilha algum tipo de opressão. Semelhante ao teatro espontâneo, o teatro do oprimido visa estimular o debate-ação, buscar soluções alternativas e, ativamente, incentivar o indivíduo a se tornar protagonista de sua própria vida.

Psicodrama líquido

Inspirada no conceito de Bauman sobre "modernidade líquida" e introduzida por Davoli, essa técnica intenta capturar e emoldurar imagens instantâneas (fotogramas) de nossa modernidade fragmentada e acelerada, de eventos diários e conflitos que ocorrem nos espaços públicos registrando grandes cidades e "criando um palco aos pés dos atores urbanos" (Davoli, 2009a). É um ato sociopolítico que procura criar um novo cenário urbano, uma nova estética dos espaços públicos e uma ética cidadã pela promoção de encontros.

Como os participantes são os passantes na rua, o diretor do psicodrama líquido não segue as fases preestabelecidas do aquecimento, dramatização e compartilhamento; ele apenas segue e propicia um fluxo ininterrupto de histórias, tentando emoldurá-las quando emergem. O diretor capta sentimentos, emoções, pensamentos, ideias e traduz tudo isso para uma linguagem cênica e dramática ("teatralização") numa escala ampla e visível, para que os transeuntes sejam capazes de ver e reconhecer essas cenas, sentindo-se atraídos por elas. É uma forma rápida e intensa de sociodrama, em que as cenas duram apenas o necessário para evocar sentimentos nos passantes, atraindo-os para fora de sua indiferença a fim de que assumam a responsabilidade por suas ações coletivas.

Zoltán (Zoli) Figusch

O psicodrama líquido é aplicado em eventos abertos e públicos de psicodrama de rua, explorando assuntos políticos e sociais relacionados à cidade, à ética cidadã etc. Ele resgata princípios fundamentais do projeto moreniano, como trabalhar para e com a comunidade e promover a cidadania, dando significado às ações do cidadão e permitindo que ele saia da passividade para se transformar em autor e ator ativo de sua vida.

Vídeo e telepsicodrama

Inspirados nas experiências iniciais de Moreno com a edição de filmes, programas de televisão e filmes terapêuticos[11], Pamplona da Costa (2005b) juntamento com Borba retomaram essa modalidade de trabalho, adaptando-a aos nossos tempos. O objetivo principal desse trabalho não é o processo de produção de filmes em si, mas o tratamento das audiências, ao atingir milhões de participantes por meio da televisão, um sonho que Moreno não conseguiu concretizar.

Vídeo e telepsicodrama são ferramentas para transformação e educação individual e social, envolvendo a gravação de sessões temáticas de sociodrama com o objetivo de exibi-las para grandes audiências. Pamplona da Costa (2005b) descreve os seguintes tipos de vídeo e telepsicodrama:

- *vídeos e telepsicodramas pedagógicos*: envolvem a exibição em *settings* educacionais de material sociodramático gravado, voltado a temas e assuntos relacionados à educação;
- *vídeos e telepsicodramas sociais*: com um teor intensamente sociodramático, exploram assuntos sociais e políticos, tais como eleições livres, HIV/aids, violência urbana etc. (veja também Monteiro, 2009)[12].

---

11. Veja a seção sobre filmes terapêuticos no volume 1 do livro *Psychodrama*, de Moreno (1946).
12. O terceiro tipo é o videopsicodrama terapêutico; entretanto, como essa técnica se situa no campo da psicoterapia psicodramática e não no do sociodrama, não a apresentarei aqui.

Ambos podem ser exibidos em circuito fechado de televisão para um público menor, reunido com objetivo específico (em escolas, hospitais, prisões, conferências etc.), ou na televisão aberta, para um público maior (por exemplo, em canais educacionais), e procuram "desacorrentar" novos pensamentos, sentimentos e reações do espectador em relação aos assuntos explorados nos filmes. Tais produções são também utilizadas como aquecimento em sessões de sociodrama público. Com a influência crescente da internet, Pamplona da Costa também iniciou experimentos com a exibição de conteúdos sociodramáticos na web.

Dramaturgia ensaiada

É um procedimento original, introduzido por Gonçalves (1998) e pelo grupo Vagas Estrelas. Essa modalidade de trabalho emprega peças teatrais pré-ensaiadas (ou cenas e partes de uma peça), poesias, extratos de textos literários ou dramatúrgicos, trechos de filmes ou vídeos, imagens etc. para disparar a ação dramática[13]. Em seguida à apresentação de uma peça ou cena pré-ensaiada, a ação inicia com a encarnação simbólica de um dos personagens por um participante do público. De modo semelhante a outros procedimentos sociodramáticos, a dramatização que se segue não se concentra na biografia pessoal do protagonista (diferencial individual), mas na criação coletiva de cenas dramáticas centradas nos denominadores comuns do personagem explorado que sejam relevantes a todos os participantes, criando, assim, uma alquimia cênica interessante, enquanto protege a privacidade do protagonista.

Esse método, sintetizando diferentes recursos artísticos – e descrito por Knobel (2009) como um tipo de "antropofagia cultural" –, tem sido desenvolvido e refinado por profissionais como Féo (e sua companhia Agruppaa) e Fernandes (e seu grupo Gota d'Água), que frequentemente o combinam com outras modalidades de trabalho, como o teatro de reprise e a multiplicação dramática.

---

13. Rodrigues usa o termo "obra de arte disparadora".

Retramatização

Técnica sociodramática desenvolvida por Liberman (2009) para sessões públicas, a retramatização permite que o indivíduo traga assuntos íntimos e pessoais à tona, mas sem identificá-lo, preservando sua privacidade e protegendo-o contra exposição potencialmente maléfica. Transformando o espectador no autor de seu próprio drama, essa técnica insere a criatividade do indivíduo no processo grupal, usando expressões teatrais e dramáticas com o objetivo de interconectar experiências pessoais, de explorar relacionamentos interpessoais e ideologias coletivas, e de provocar descargas emocionais.

O trabalho ocorre em fases, começando com um aquecimento que ajuda os participantes a selecionar temas para trabalhar; então, três grupos são formados. Em seguida, os indivíduos são convidados a escrever relatos de experiências pessoais (trama individual) relacionadas aos temas escolhidos, sem se identificar. O conjunto de histórias de cada grupo é repassado para um segundo grupo, e a este é solicitado que, baseando-se nessas histórias individuais, crie coletivamente um roteiro, dividindo as cenas em atos e acrescentando diálogos ("re-tramatização" grupal). O roteiro grupal elaborado pelo segundo grupo é passado para um terceiro grupo, que deverá preparar uma representação dramática da história recebida. Essas peças são apresentadas uma de cada vez; feitas as apresentações, a audiência é convidada a conversar com os personagens. Visto que (devido às "re-distribuições") os participantes que escreveram as tramas individuais e a "re-trama" grupal estão todos na audiência quando elas são representadas, a técnica permite a cada um observar e encontrar personagens de seu próprio drama interno, que poderá ser confrontado no drama externo, se assim escolher, tendo sua privacidade preservada. A trama "re-escrita" é uma produção coletiva e, portanto, ela não expõe o indivíduo, mas a natureza humana.

O modelo contemporâneo de sociodrama brasileiro **39**

Considerações finais

Neste capítulo, delineei os parâmetros práticos e teóricos do modelo contemporâneo do sociodrama brasileiro. Em consequência da óbvia limitação física, entretanto, esta é apenas uma breve introdução a esse modelo conceitual, sem os detalhes finos de sua complexidade. Mimetizando a tentativa de Davoli (1990) de capturar imagens de nossa modernidade líquida, este capítulo pode também ser entendido como um "fotograma" da contemporaneidade mutante e sempre em desenvolvimento do sociodrama brasileiro. Posso apenas esperar que ele proporcione ao leitor o sabor dessa cultura colorida e fascinante, recomendando aos interessados em saber mais que consultem os textos relacionados a seguir.

Referências bibliográficas

AGUIAR, M. "Sociodrama in Brazil". *The British Journal of Psychodrama and Sociodrama*, v. 16, n. 1, p. 21-2, 2001.

_____. "Spontaneous theatre and one-to-one psychodrama". In: FIGUSCH, Z. (org.). *From one-to-one psychodrama to large group socio-psychodrama*. Reino Unido: edição do autor, 2009, p. 135-59.

_____. "The theatre of spontaneity and psychodrama psychotherapy". In: FIGUSCH, Z. (org.). *Sambadrama – the arena of Brazilian psychodrama*. Londres/ Filadélfia: Jessica Kingsley, 2005, p. 141-56.

BAPTISTA, T. T. "Psicodrama com grandes grupos". *Revista Brasileira de Psicodrama*, v. 11, n. 2, p. 159-64, 2003.

BOAL, A. *Games for actors and non-actors*. Londres/Nova York: Routledge, 1992.

_____. *The rainbow of desire*. Londres/Nova York: Routledge, 1995.

CHAVES VALE, Z. M. "*Playback theatre*: teatro-arte, espontâneo e terapêutico". *Revista Brasileira de Psicodrama*, v. 9, n. 2, p. 39-54, 2001.

COSTA, E. M. S.; BAPTISTA, T. T. "Living newspaper: a creative and cathartic event". In: FIGUSCH, Z. (org.). >*From one-to-one psychodrama to large group socio-psychodrama*. Reino Unido: edição do autor, 2009, p. 216-26.

DAVOLI, C. "Psicodrama e sociodrama: uma caracterização". *Revista Brasileira de Psicodrama*, v. 2, n. 2, p. 25-8, 1990.

_____. "Psychodramatic scenes: liquid psychodrama". In: FIGUSCH, Z. (org.). *From one-to-one psychodrama to large group socio-psychodrama*. Reino Unido: edição do autor, 2009a, p. 226-38.

_____. "The spontaneous theatre, its terminology and the warm-up to dramatization". In: FIGUSCH, Z. (org.). *From one-to-one psychodrama to large group socio-psychodrama*. Reino Unido: edição do autor, 2009b, p. 177-90.

40 Zoltán (Zoli) Figusch

FALIVENE ALVES, L. "The protagonist and the protagonic theme". In: FIGUSCH, Z. (org.). *Sambadrama – the arena of Brazilian psychodrama*. Londres/Filadélfia: Jessica Kingsley, 2005, p. 130-40.

FOX, J. F. *O essencial de Moreno*. Textos sobre psicodrama, terapia de grupo e espontaneidade. São Paulo: Ágora, 2002.

GOFFI, F. S. "Sessões abertas de psicoterapia: os benefícios do ponto de vista do público". *Revista Brasileira de Psicodrama*, v. 12, n. 1, p. 119-33, 2004.

GONÇALVES, C. S. "Mitologias familiares". *Revista Brasileira de Psicodrama*, v. 6, n. 2, p. 43-50, 1998.

GONÇALVES, C. S.; WOLFF, J. R.; ALMEIDA, W. C. *Lições de psicodrama*. São Paulo: Ágora, 1988.

GREEB, M. "The psychodrama of São Paulo city". In: FIGUSCH, Z. (org.). *From one-to-one psychodrama to large group socio-psychodrama*. Reino Unido: edição do autor, 2009, p. 239-74.

GUIMARÃES, L. A. "Psicodramas públicos e limites éticos". *Revista Brasileira de Psicodrama*, v. 10, n. 1, p. 83-96, 2002.

KNOBEL, A. M. "Estratégias de direção grupal". *Revista Brasileira de Psicodrama*, v. 4, n. 1, p. 49-62, 1996.

_____. "Large groups: history, theory and psychodramatic practice". In: FIGUSCH, Z. (org.). *From one-to-one psychodrama to large group socio-psychodrama*. Reino Unido: edição do autor, 2009, p. 164-76.

LIBERMAN, A. "Re-plotting – the individual plot, re-plotting in the group, and the dramatic action as an agent for transformation: a sociodramatic proposal". In: FIGUSCH, Z. (org.). *From one-to-one psychodrama to large group socio-psychodrama*. Reino Unido: edição do autor, 2009, p. 191-203.

MALAQUIAS, M. C. "Percurso do psicodrama no Brasil: década de 40 – o pioneirismo de Guerreiro Ramos". *Revista Brasileira de Psicodrama*, v. 15, n. 1, p. 33-9, 2007.

MARRA, M. M. "Educação psicodramática". *Revista Brasileira de Psicodrama*, v. 16, n. 1, p. 93-9, 2008.

_____. "Práticas comunitárias: a natureza sociocultural e política do sociodrama". *Revista Brasileira de Psicodrama*, v. 14, n. 1, p. 91-103, 2006.

MARRA, M. M.; COSTA, L. F. "A pesquisa-ação e o sociodrama: uma conexão possível?". *Revista Brasileira de Psicodrama*, v. 12, n. 1, p. 99-116, 2004.

MASCARENHAS, P. "Dramatic multiplication". In: FIGUSCH, Z. (org.). *Sambadrama – the arena of Brazilian psychodrama*. Londres/Filadélfia: Jessica Kingsley, 2005, p. 190-202.

_____. "Psicodrama no Centro Cultural São Paulo: contribuições para reflexão". *Revista Brasileira de Psicodrama*, v. 16, n. 1, p. 61-5, 2008.

MENEGAZZO, C. M.; TOMASINI, M. A.; ZURETTI, M. *Dicionário de psicodrama e sociodrama*. São Paulo: Ágora, 1995.

MONTEIRO, R. F. "Spontaneous theatre: a political act". In: FIGUSCH, Z. (org.). *From one-to-one psychodrama to large group socio-psychodrama*. Reino Unido: edição do autor, 2009, p. 248-57.

MORENO, J. L. *Psychodrama*. Nova York: Beacon House, 1946, v. 1.

_____. *The theatre of spontaneity*. Nova York: Beacon House, 1947.

NERY, M. P.; CONCEIÇÃO, M. I. G. "Sociodrama na inclusão racial: quebrando a inércia". *Revista Brasileira de Psicodrama*, v. 14, n. 1, p. 105-19, 2006.

PAMPLONA DA COSTA, R. "The arrival of psychodrama in Brazil: its early development in the 1960s". In: FIGUSCH, Z. (org.). *Sambadrama – the arena of Brazilian psychodrama*. Londres/Filadélfia: Jessica Kingsley, 2005a, p. 17-34.

_____. "Video-psychodrama and tele-psychodrama: the research of a Morenian dream". In: FIGUSCH, Z. (org.). *Sambadrama – the arena of Brazilian psychodrama*. Londres/Filadélfia: Jessica Kingsley, 2005b, p. 250-67.

RODRIGUES, R. "Quadros de referência para intervenções grupais: psicossociodramáticas". *Revista Brasileira de Psicodrama*, v. 16, n. 1, p. 75-91, 2008.

SCAFFI, N. "Socionomia na prevenção de aids entre indígenas". *Revista Brasileira de Psicodrama*, v. 10, n. 1, p. 13-30, 2002.

SILVA, H. S. P. V. D. da. "Sociodrama: um espaço de refúgio, liberdade e criatividade! Contributos da metodologia sociodramática na formação de educadores sociais". *Revista Brasileira de Psicodrama*, v. 16, n. 2, p. 87-100, 2008.

ZAMPIERI, A. M. F. "O axiodrama". *Revista Brasileira de Psicodrama*, v. 1, n. 2, p. 134-5, 1994.

Capítulo 2

Rito de passagem: encontro do valor da vida

Sociodrama

Adelsa A. L. da Cunha

DEPOIS DE PASSADO O CONTENTAMENTO pelo convite para escrever este relato, comecei a me aquecer para identificar qual dos sociodramas, entre os que dirigi, eu considerava o mais relevante. Tendo em vista que minha prática profissional é fundamentalmente voltada para a clínica, não sou uma diretora tão assídua de sociodramas. Mas posso garantir que, em minha experiência pessoal, todas as vezes que aceitei esse desafio saí renovada, reanimada pela crença de que podemos, efetivamente, melhorar o mundo, de que o grupo é soberano! Tive algumas experiências muito significativas, seja dirigindo uma atividade no Centro Cultural São Paulo, seja realizando um sociodrama numa empresa, com um público de mais de 250 pessoas. Mas, considerando o meu jeito de ser, bem como os demais colegas coautores deste livro, optei por relatar o sociodrama mais relevante para mim, no papel de socionomista. Com isso quero dizer que foi depois desse trabalho que me considerei pronta para dirigir qualquer evento que surgisse, porque pude perceber que já tinha o método psicodramático internalizado, tendo adquirido total confiança nele.

Foi assim que tudo começou: recebi um convite para ir a uma escola de psicodrama localizada fora do estado de São Paulo, que realizaria uma jornada interna, visando não só à apresentação de trabalhos dos alunos que haviam se formado como também à divulgação do psicodrama para um público específico (profissionais e universitários). O convite era para que eu ministrasse um curso de oito horas durante o dia – para alunos em formação e psicodramatistas formados –, sendo que à noite eu deveria proceder ao sociodrama de abertura da jornada.

Toda vez que aceito trabalhar com um público o qual desconheço totalmente, minha ansiedade acaba provocando em mim a necessidade de controlar as coisas – recurso absolutamente usual e pouco criativo! E foi assim que, com base no nome da jornada, "Do pensamento à ação integrativa: encontrando o valor da vida", criei algumas opções de caminho. Pensei em tudo, inclusive no material que seria utilizado, o qual acomodei numa mala e carreguei com cuidado de São Paulo até a cidade da jornada, pois não poderia correr o risco de perder o meu material, imprescindível.

No dia seguinte à minha chegada, ministrei o curso das 9 às 18h30. Fiz um pequeno intervalo antes de começar a direção do sociodrama, às 19 horas. Nesse intervalo, fui até a sala onde seria realizado o sociodrama de abertura da jornada e fiquei me situando no espaço. Já havia pessoas aguardando o início, pois estávamos nas instalações de uma universidade e alguns alunos, após as aulas, permaneceram ali para participar do sociodrama.

Então, obviamente, fui tomada por aquela sensação, misto de prazer e terror, que vem do novo, do desconhecido. Cabe ressaltar que há anos eu e o Carlos Roberto Silveira, psicodramatista, querido amigo e irmão de grupo de terapia, temos um mote, um bordão: "Confie no método!" Isso nasceu quando, em nossa primeira codireção, num congresso em Buenos Aires, chegando ao local para a apresentação de nosso trabalho, fomos abordados por um psicodramatista, daqueles considerados "vacas sagradas", que nos disse: "Parabéns! A sala de vocês está lotada". Pronto. Queríamos dar meia-volta e sair correndo. Olhamos um para o outro, apavorados e felizes, e de mãos dadas nos confortamos, dizendo: "Confie no método!" Essa sentença nos foi dita e repetida à exaustão, por anos a fio, por nosso terapeuta!

Enfim, naquele dia, diante da normalíssima tensão provocada pela direção de um público desconhecido, numa realidade desconhecida, busquei refúgio nessa máxima, que já havia me ajudado em outros momentos de minha vida profissional. E, assim, procurei um lugar para ficar sozinha. Como estava numa universidade, entrei numa sala vazia e iniciei meu aquecimento específico para a direção daquele sociodrama. Pensei em todas as alternativas que tinha preparado e em qual utilizar. E, de repente, me dei conta de que havia passado o dia inteiro falando de *clusters* de papéis; estava completamente tomada pelo tema e me pareceu que tudo que havia preparado não faria sentido. Percebi que precisava primeiro analisar o grupo e somente depois eu saberia o que fazer. Até porque, pensando nos *clusters* de papéis, eu poderia muito bem trabalhar com o grupo segundo as três dinâmicas essenciais da vida, fosse qual fosse a temática.

Tranquilizei-me, acreditando que saberia o que fazer, pelo simples fato de que eu confiava no método psicodramático e de que depois de tantos anos, certamente, ele já estaria internalizado. E assim me dirigi, na hora marcada, ao auditório onde aconteceria o sociodrama e, minutos depois, comecei a direção que marcou minha vida: além de ter sido muito rico e de ter atingido o objetivo de integrar as pessoas, o sociodrama foi mágico, pois me validou como socionomista e me liberou para dirigir todos os outros que estavam por vir.

O que fiz não foi nada muito diferente do que outras pessoas já fizeram ou fazem, mas aqui vai o meu relato. O auditório era uma sala bem ampla, com cadeiras dispostas em fileiras, e na frente havia um palco, com uma grande mesa ao fundo. Meu primeiro ato foi, após as apresentações de praxe, pedir que cada um dos participantes – cerca de oitenta pessoas – pegasse uma cadeira e a encostasse num canto da sala. Assim foi feito e, quando vimos, tínhamos um amplo espaço vazio ao centro, com as cadeiras organizadas à sua volta.

Depois, e aos poucos, pedi que os participantes fossem tomando conhecimento daquele espaço. Andando, dando pulinhos, mais rápido, devagarinho, em câmera lenta... Então, eles começaram a circular, olhando o espaço. Aos poucos, pedi para que olhassem para as pessoas ao redor. Quem tivesse vontade de cumprimentar

Rito de passagem: encontro do valor da vida **45**

algum conhecido, que o fizesse. Quem não conhecia ninguém poderia escolher a quem gostaria de se apresentar. Percebi uma família meio isolada numa das pontas, ainda de pé diante das cadeiras, e como ninguém do grupo se aproximou, fui até lá, fiz contato e convidei-os a participar do grupo, o que foi aceito. Aos poucos, fui dirigindo o aquecimento para o interno, pedindo que cada um fosse tomando contato do porquê de estar aqui e agora, na jornada. Por que tinham vindo? Motivados pelo tema? Para conhecer o psicodrama? Por que eram obrigados? Etc.

Então, focalizei a atenção no nome do evento ("Do pensamento à ação integrativa: encontrando o valor da vida") e em seguida pedi que cada um identificasse que valor gostaria de encontrar ao final da jornada. (Isso tudo foi aparecendo na hora: a associação com o nome da jornada, a ideia de jornada, seu aspecto como caminho etc.) Solicitei, a seguir, que cada um escrevesse numa folha de papel sulfite – as folhas haviam sido devidamente colocadas junto com canetas hidrográficas por um ego-auxiliar –, em letras grandes, visíveis, esse valor. Quando a maioria já tinha escrito, convidei todos a subir ao palco e depositar suas folhas em cima da mesa. Terminada essa fase, as pessoas voltaram ao centro da sala e um novo aquecimento foi feito, agora pensando na jornada, no caminho que todos percorreriam daquela sexta-feira à noite até o domingo de manhã, quando o processo terminaria. Nesse caminho, a partida deveria ser o pensamento, em direção à ação, para encontrar o valor da vida escolhido. E assim prossegui, aos poucos, falando sobre o curso de *clusters* que ministrara durante o dia e sobre como, em todo o desenvolvimento humano, temos estes estágios – da dependência; da conquista da autonomia; e do compartilhar com os iguais. Gradativamente fui convidando-os, primeiro, a se agruparem, sendo que, num canto da sala, demarquei o espaço que seria ocupado pelo primeiro grupo, a ser constituído por aqueles que foram à jornada para aprender, isto é, por aqueles que nunca tinham ouvido falar de psicodrama, que não sabiam direito o que era, que estavam ali só para se instruir, se informar. O segundo grupo, sinalizado num outro canto da sala, seria formado por aqueles que foram à jornada para aprofundar o conhecimento, para afirmar seu pensamento, por pessoas que já conheciam o psicodrama e estavam se formando (alguns estavam apresentando monografias de conclusão de curso). O terceiro grupo, também demarcado espacialmente, deveria congregar aqueles que foram à jornada para ministrar aulas ou cursos, aqueles que já dominavam a metodologia, o conhecimento, e tinham o desejo de compartilhá-los com os iguais. E assim os grupos se formaram.

Nesse ponto, pedi que dessem um nome para o grupo. O primeiro grupo foi denominado "Aventureiros"; era o mais numeroso. O segundo grupo, que tinha cerca de 25 pessoas, recebeu o nome de "Tirando as pedras do caminho". O terceiro grupo era o menor, com aproximadamente 12 pessoas, e foi intitulado "Experientes". No passo seguinte, propus, por meio de um novo aquecimento, que eles se sentissem na jornada, caminhando, em grupo; que percebessem com o que efetivamente contavam, como grupo, para chegar ao final da jornada; que analisassem do que tinham medo, por que eles deveriam chegar ao final da jornada e encontrar o valor da vida, que estava escondido em algum lugar daquele caminho.

Os três grupos começaram a conversar entre si, destacando a qualidade essencial de cada um. Rapidamente, os Aventureiros organizaram-se em fila – uma enorme fila –, comandados por uma jovem com uma mochila enorme nas costas, e, com muito barulho, alegria, risadas, se puseram a explorar uma floresta. A falta de compromisso e a curiosidade eram o diferencial desse grupo; por isso, eles podiam se aventurar pela floresta. A atividade foi muito lúdica, pois apareceram animais para assustar as pessoas, rios etc. Os Tirando as pedras do caminho identificaram como diferencial um olhar crítico, que os ajudaria a reconhecer as "ciladas" do caminho, e começaram a atuar tentando guiar os Aventureiros, dizendo que por ali era perigoso... E os Experientes tinham, obviamente, a experiência como diferencial. Criticavam um pouco os outros dois grupos e buscavam encontrar o "tesouro" – termo cunhado por eles e que logo foi aceito por todos. Num dado momento, os Aventureiros resolveram procurar o tesouro, querendo subir ao palco. Então, interpolei uma resistência, dizendo que não podiam acessar aquela parte da floresta, porque ali – eu apontava para o vão entre o piso da sala e o piso do palco – havia um rio largo, cheio de piranhas e com uma correnteza muito forte.O grupo começou uma discussão para decidir se davam a volta, se tentavam ir nadando etc. Os Tirando as pedras do caminho, o tempo todo, queriam determinar o que os Aventureiros deveriam fazer, enquanto os Experientes seguiam o caminho deles, conversando entre si, mas sem notar muito os outros grupos. Quando parecia que haveria um impasse, os Tirando as pedras do caminho resolveram utilizar uma poção mágica e se transformaram numa ponte. Os Aventureiros animadamente bateram palmas, agradeceram e começaram a subir.

A consigna que dei era de que, conforme fosse chegando ao final da jornada, passando a ponte e alcançando o tesouro, cada um pegaria, sem escolher, um papel que estava sobre a mesa. Esse seria o valor que a pessoa encontraria. Assim foi feito.

Quando quase todos os componentes dos Aventureiros já haviam passado, um deles indagou como os Tirando as pedras do caminho passariam, e os Experientes propuseram que eles fossem a ponte para os Tirando as pedras do caminho; depois, uma parte dos Aventureiros poderia ser a ponte para os Experientes. Assim foi feito. Todos pegaram um valor no tesouro. Pedi, então, que cada um olhasse para o valor que encontrara e se conectasse com o seu significado, com o que ele representava. O próximo passo foi fazer uma grande roda, com todos os participantes segurando à sua frente o papel com a palavra escrita virada para os demais. E todos puderam saber todos os valores que poderiam ser encontrados ao final daquela jornada. Num último movimento, fiz uma sugestão: se tivessem vontade, eles poderiam trocar um valor pego por outro entre os escritos, mas cada um deveria guardar dentro de si esse valor para, ao final real da jornada, poder avaliar quanto ela permitira o acesso a ele.

Passamos, então, a um rico compartilhar; muitos dos participantes afirmaram que o valor pego no final era sintônico com o valor escrito inicialmente; duas pessoas pegaram o mesmo valor, só que escrito por outra pessoa; e, para alguns, o valor atingido depois do trajeto parecia responder à questão contida no primeiro escrito.

Não participei integralmente da jornada, mas soube que ao final, no sociodrama de encerramento, diversos participantes comentaram a ação do sociodrama de integração e referiram-se à questão de terem encontrado o valor que procuravam. Isso me fez perceber quanto tal sociodrama foi efetivo, atendendo ao desejo do grupo.

Convém enfatizar que, quando conseguimos integrar o método psicodramático ao nosso fazer, adquirimos uma confiança que não está centrada em nós, no nosso trabalho, mas sim no método, absolutamente efetivo, transformador, que respeita o grupo, que é soberano e que sabe muito bem de suas necessidades. Percebo que muitos psicodramatistas, pelo medo de não se sair bem numa direção, planejam sociodramas de tal modo que o público-alvo acaba sendo ignorado ou não percebido. Levar a coisa pronta não traz à tona o melhor de nós, de nosso método. Se bem que, inevitavelmente, para conseguirmos desempenhar efetivamente um papel, todos precisamos experimentá-lo, treiná-lo. Assim, todos começamos agindo desse modo, porque isso nos deixa seguros.

Segundo Almeida (2006, p. 27),

> Etimologicamente, método quer dizer caminho. Caminho que a curiosidade humana percorre, indagando, correlacionando, pesquisando e refletindo, de modo ordenado, para atingir o conhecimento. O método é o caminho da ciência. Método é o conjunto de procedimentos teóricos que ordenam o pensamento, estabelecem o objetivo do trabalho a ser executado e inspiram ânimo ao investigador. O método necessita dos processamentos técnicos para atingir seus objetivos.

Depois da direção do sociodrama relatado, fiz um pequeno processamento de toda a minha trajetória como psicodramatista e pude, enfim, me "diplomar", porque então percebi que já tinha conseguido descobrir o meu caminho para entender o grupo. Partindo do meu aquecimento pessoal, da minha verdade existencial naquele momento, consegui me livrar da segurança da coisa pronta e me lançar em outra direção, acreditando que o grupo saberia o seu caminho, assim como eu precisava saber o meu. Percebi que toda a teoria com a qual eu trabalhara durante o dia estava tão integrada ao meu ser que, muito facilmente, ela surgiu como base para a ação que me dispus a dirigir. Tudo que veio depois, as imagens, a ideia de utilizar o espaço cênico, a analogia com o nome da jornada, a interpolação da resistência, a ideia de não atrelar os valores às pessoas, mas disponibilizá-los a todos, aleatoriamente, tudo isso surgiu no momento daquilo que vivi ali, no encontro com aquele grupo. Então, pude vivenciar na íntegra um conceito de Moreno que sempre me chamou atenção: "Quando lançados no escuro, psicanalistas pensam seu caminho, enquanto psicodramatistas sentem seu caminho".

Processamento do sociodrama

Marília J. Marino

NOSSA AUTORA NOS BRINDA com um trabalho significativo em vários planos...

Faz-se presença – presente, espontâneo-criativa, ao compartilhar não só o trabalho em si, mas os bastidores de sua construção. Possibilita-nos estar diante da caminhada no desenvolvimento do papel de psicodramatista, e nos convida a pensar sobre como nos relacionamos com o legado de Jacob Levy Moreno, conhecido em termos gerais na cultura contemporânea como "psicodrama": abordagem teórico-metodológica em ciências psicossociais.

A nosso ver, o psicodrama, como obra moreniana, surge como "visão de mundo" e assim se desdobra em ciência, filosofia e arte. É para essas três visadas que o relato da autora nos remete, mobilizando o ver *compreensivo* das ciências humanas, o ver *reflexivo* da filosofia e o ver *expressivo* da arte. Nesse sentido, é *methodós* (caminho), um caminho que se desdobra em muitas possibilidades para o existir humano, concepção que partilhamos com a autora.

50 Adelsa A. L. da Cunha e Marília J. Marino

A tarefa aqui é proceder a um "processamento" – expressão que ganhou força no movimento psicodramático como o debruçar-se sobre as "ações dramáticas" realizadas, o ato de descrevê-las e refletir sobre elas, deixando claro de que lugar o fazemos, considerando que o *ver* se dá sempre à luz de alguma(s) perspectiva(s), seja no descrever, seja no refletir. Vamos assumir a tarefa como uma leitura possível, que busca se aproximar da perspectiva da autora, compreender e explicitar a rica experiência apresentada, como *aisthésis* (estética) no que toca nossa sensibilidade com o que se expressa no palco; como *ethos* (ética), que nos fala de modos de fundar-se em valores e nos traz a esperança de sermos amigos da sabedoria (*phílos sophós*); e como *theoría* (teoria), rede de conceitos que dão sustentação a um fazer que se pretende científico em ciências humanas. As visadas confluem no movimento reflexivo que não se esgota...

Há um horizonte colocado desde o início como o que dá sentido ao que vamos encontrar. Entre tantos relatos possíveis, mesmo considerando-se que a nossa profissional atua principalmente na clínica, esse trabalho tem uma singularidade especial em sua caminhada como psicodramatista. Segundo suas palavras "[...] foi depois desse trabalho que me considerei pronta para dirigir qualquer evento que surgisse, porque pude perceber que já tinha o método psicodramático internalizado, tendo adquirido total confiança nele". *Constitui-se, assim, como um rito de passagem.* Ficamos diante da intencionalidade que moveu a autora a uma escolha e permitiu que encontrasse o *fio de Ariadne* para um título que expressa o sentido mais amplo de todo o relato.

Mais que o reconhecimento institucional que advém de titulações, somente depois desse trabalho é que nossa autora *se autoriza* a dirigir. O "estar pronta" confirma que realizou a travessia pelo *role taking* (o tomar o papel) e pelo *role playing* (o jogar o papel), estando finalmente diante da possibilidade do *role creating* (o "recriar" o papel) – conceitos morenianos que não podem ser tomados linearmente, mas que fazem parte de uma caminhada em que nos apropriamos do projeto moreniano e o internalizamos seguindo em direção à espontaneidade-criatividade nos vários papéis que desempenhamos na vida!

No relato da autora, o protocolo do trabalho realizado (dimensão descritiva) já nos chega como experiência vivida e elaborada, marcada em vários aspectos pelo ato de pensar o ocorrido (dimensão reflexiva). Ela trama o que acontece, como acontece, com quem, quando, onde, por que e para quê, num movimento compreensivo-interpretativo no qual o que se dá é recolhido na abertura de um *sentir*, como estado de ânimo, revelando a cada passo *como anda consigo mesma* (o cair em si) e o *que vem da relação com o grupo* e da *situação* (norteadores para as decisões tomadas) – na escrita e no acontecido.

Estamos diante de uma caminhada em direção a atos espontâneo-criativos: *o agir baseada em si mesma*, em suas possibilidades mais próprias, com autenticidade, considerando *alteridade e situação*, mesmo que, num primeiro momento, entregue-se ao "todo mundo faz assim": o afastar a angústia da situação nova, com roteiros prontos e "mala de materiais". É grande a responsabilidade que a espera: dar conta do convite de uma escola de formação "localizada fora do estado de São Paulo", para ministrar um curso de oito horas durante o dia, voltado a alunos em formação e psicodramatistas formados, e, à noite, realizar o sociodrama de abertura de uma jornada que ampliaria o público presente, denominada "Do pensamento à ação integrativa: encontrando o valor da vida".

Ao expor os bastidores de seu aquecimento prévio, ela nos revela uma primeira aproximação *ao que fazer*, valendo-se das experiências mais comuns na preparação de roteiros de ação. A mala de materiais ganha uma dimensão fundamental. Podemos imaginar a preocupação: "Não posso perder minha mala, ela não pode se extraviar". A constatação da autora de que essa é uma resposta para afastar a ansiedade diante do novo nos possibilita uma primeira aprendizagem essencial no tomar e jogar o papel de psicodramatista. Valemo-nos dos *guardados*, valemo-nos da *mala da memória*. Fica a questão: como nos relacionamos com nossas *conservas culturais* para que nosso comportamento não caia na repetição, na cristalização, ele mesmo fazendo-se uma *conserva*?

A própria autora nos conduz a um segundo passo na caminhada. Abre-se a uma aproximação singular *ao que fazer*, na meia hora que teve entre o término do curso e o início do sociodrama. Situa-se no espaço estranho e tenta estabelecer intimidade. Nas suas palavras: "Então, obviamente, fui tomada por aquela sensação, misto de prazer e terror, que vem do novo, do desconhecido". Os *guardados*, a recordação (dizendo novamente o que vem do *cordis* – coração) possibilitam o rememorar de uma experiência vivida num congresso em Buenos Aires, em que, na companhia do amigo, companheiro de trabalho, diante do desafio de uma sala cheia à espera de uma direção feliz e sob o olhar de um psicodramatista consagrado, se fortalecem com a máxima: "Confie no método!" Entreabrem-se num lampejo anos de investimento, de aprendizagem compartilhada, dando lugar ao território que abriga a *postura psicodramática*: abertura para o ser-vir, para o vir-a-ser em coexistência, numa ética radical.

Nos momentos em que permanece numa sala vazia, realizando um "aquecimento específico para dirigir aquele sociodrama", nossa autora *cai em si*; o sentido do que antes preparara se esvai e uma nova possibilidade para *o que fazer* brota! "E, de repente, me dei conta de que havia passado o dia inteiro falando de *clusters* de papéis; [...] precisava primeiro analisar o grupo e somente depois eu saberia o que fazer. [...] eu poderia muito bem trabalhar com o grupo segundo as três dinâmicas essenciais da vida, fosse qual fosse a temática."

Que dinâmicas são essas? No decorrer do relato da sessão, o construto teórico do "cacho de papéis", contribuição contemporânea do psicodramatista Dalmiro Bustos (1990) ao legado moreniano, ganha evidência científica na explicitação que a própria autora realiza, incorporando as referências em suas consignas, no mapeamento sociométrico do grupo, que já antevê. Apreende, assim, o papel de participante, membro da jornada, situando-o segundo sua predominância em um dos seguintes *clusters*: o materno (dependência/ necessidade de ser alimentado), o paterno (autonomia/ exercício de autoafirmação) ou o fraterno (o compartilhar/avaliar forças). Aguardemos!

O fundamental a destacar aqui é o fenômeno da espontaneidade-criatividade se manifestando, o atirar-se no *role creating*: "Tranquilizei-me [...] e, minutos depois, comecei a direção que marcou minha vida: além de ter sido muito rico e de ter atingido o objetivo de integrar as pessoas, o sociodrama foi mágico, pois me validou como socionomista e me liberou para dirigir todos os outros que estavam por vir". A autora refere-se a si mesma, agora, como iniciada na ciência da socionomia – denominação abrangente na obra moreniana, tida como estudo das "leis", normas, padrões que regem a vida relacional dos *socii* nos inúmeros grupos sociais de que fazemos parte e mencionada já em 1959. Desdobra-se nos ramos da sociometria, sociodinâmica e sociatria, com seus respectivos métodos de ação (Moreno, 1974, p. 39). O psicodrama fica, assim, circunscrito a um dos métodos da sociatria – o tratamento do indivíduo, o protagonista, na verticalidade de sua história de vida e na horizontalidade de suas relações, marcadas pelos papéis que desempenha nas mais diversas situações existenciais.

O contrato firmado é para um sociodrama. Nas palavras de Moreno: "método de ação profunda que trata das relações intergrupais e das ideologias coletivas" (1984, p. 411). Podemos compreender a "ideologia" nesse contexto, como temática mobilizadora do nosso pensar, do nosso modo de ser, que toca cada *socius* (companheiro) e já vem anunciada no nome da jornada: o desafio de articular pensamento e ação, na perspectiva de encontrar o valor da vida. Quando trabalhamos com valores, estamos no campo axiológico. Assim, um axiodrama se anuncia, o qual, segundo Moreno: "É uma síntese de psicodrama e da ciência de valores (axiologia); dramatiza as aspirações morais do psiquismo individual e coletivo (justiça, verdade, beleza, bondade, complexos, perfeição, eternidade, paz etc.)" (Moreno, 1974, p. 123).

Aquecimento

Acompanhemos o percurso da autora na condução do grupo, que em sua modéstia nos diz: "O que fiz não foi nada muito diferente do que outras pessoas já fizeram [...]". Apresentações de praxe, grande número de participantes (cerca de oitenta pessoas), um primeiro momento de aquecimento grupal e, em seguida a mobilização dos participantes na transformação do espaço tradicional de um auditório, com cadeiras em fila, em um círculo organizado, com um amplo espaço vazio central. Estamos diante de um palco em arena. O palco físico com uma mesa ao fundo é cenário desconsiderado agora... O convite para andar de modos diferentes dos habituais, o cumprimentar-se, ou apresentar-se para alguém, tudo isso vai trazendo a "grupalização" – função do aquecimento inespecífico: a apropriação do espaço ao perceber-se e abrir-se ao outro. Num segundo momento, ela dirige o olhar para o interno, e a pergunta feita (Para que estamos aqui?) encontra no nome da jornada o "caminho", a próxima proposta: "[...] que valor gostaria de encontrar ao final da jornada". Escrevê-lo numa folha de papel sulfite de modo bem visível, com canetas coloridas, e levá-la até a mesa sobre o palco físico são ações que predispõem os participantes aos atos espontâneos que se seguirão.

Configura-se agora um terceiro momento de aquecimento, a passagem para a especificidade do trabalho. Reunidos os participantes no espaço central, a direção possibilita a todos um projetar-se, *um habitar no plano do imaginário*, em relação ao caminho que se tem pela frente (de sexta-feira a domingo): "Nesse caminho, a partida deveria ser pensamento, em direção à ação, para encontrar o valor da vida escolhido". A diretora compartilha o seu dia, focando no eixo central da teoria dos *clusters*, associada a estágios presentes no desenvolvimento humano. Estes se tornam o critério sociométrico emergente para a formação de grupos, partindo da realidade existencial dos participantes: o primeiro grupo sendo constituído por aqueles que vieram aprender na jornada, pois não conheciam o psicodrama (*cluster* materno/dependência); o segundo grupo integrado por aqueles que vieram aprofundar o conhecimento, "afirmar seu pensamento", alunos do curso de formação, alguns produzindo a monografia (*cluster* paterno/autonomia); e o terceiro formado pelos que vieram ministrar aulas, cursos, com a perspectiva de trocar experiências com seus iguais (*cluster* fraterno/compartilhamento).

Imaginemos o deslocamento no espaço: risos, apreensões, identificações acontecendo com a primeira tarefa realizada em conjunto: atribuir-se um nome. Na sequência relatada, temos os "Aventureiros" com mais de 40 pessoas; os "Tirando as pedras do caminho" com cerca de 25 integrantes; e os "Experientes" com aproximadamente 12 membros. Cabe pontuar a atuação da direção, sustentando o aquecimento de cada grupo, que se desloca junto no espaço; a mobilização ocorre sempre pelo resgate do *Para que estamos aqui?*, o que cria condições para o ato espontâneo-criativo de coconstruir um nome – atribuir-se identidade. Enquanto os participantes reconhecem aquilo com que contam para chegar ao final da jornada, explicitando temores e destacando sua qualidade essencial como grupo, uma ação que ressoa em todos explode no palco do "como se".

Ação dramática

Um teatro espontâneo tem lugar. A perspectiva sociodramática está posta na exploração coletiva de sentidos. No pano de fundo, ecoam os valores. Um socioaxiodrama? O grupo dos Aventureiros tem uma "floresta" para explorar. Em longa fila, jovem líder à frente, de mochila nas costas, imaginando obstáculos, rios, pessoas, animais, os participantes avançam entre risos e surpresas, entregues ao prazer da curiosidade e leveza proporcionadas pela ação de desvendar, aventurar-se. Presentificam uma situação que atrai os Tirando as pedras do caminho. Identificados pela expressão "olhar crítico", os integrantes desse grupo firmam seu saber ao jogarem o papel de guia; alertam sobre as "ciladas do caminho", já que conhecem a floresta... Os Experientes, tendo a palavra "experiência" a articulá-los, em um primeiro movimento crítico em relação aos demais, trazem a preciosa ideia de encontrar o "tesouro". Imprimem um sentido à exploração? Jogam o papel de guardião de sentidos? O desvendar tem uma razão de ser. De que seria feito o tesouro? De que fala? Riquezas... jóias preciosas... Nessa polissemia, os Aventureiros logo se lançam em direção ao palco, lá na frente, com a arca/mesa repleta de tesouros/valores.

Momento de intervenção da direção. Um obstáculo é colocado: há um rio largo, cheio de piranhas e com forte correnteza... É interessante constatar que, até aqui, a direção endossou um livre fluir da ação, que se dá no plano da fantasia. Poderia ter solicitado *solilóquios* (falar com seus botões), *duplos* (explicitar emoções que o participante não consegue verbalizar tendo alguém como ego-auxiliar/consciência expressa em palavras), *espelhos* (ver-se de fora da situação, com alguém como ego-auxiliar assumindo o lugar do outro e reproduzindo postura e falas), a *inversão de papéis* (colocar--se no lugar do outro, entre os participantes da dramatização), ter realizado entrevistas... Todas são técnicas básicas do rico arsenal à disposição do psicodramatista. Alavancam o trabalho, sustentando o aquecimento de todos, permitem maior participação da plateia e o socializar de sentimentos e significados, favorecendo apropriação e explicitação do coconsciente e coinconsciente pessoal/grupal. Mas, implicam paralisar a ação posta no palco psicodramático e desencadear outra, interferir no rumo, mesmo que depois se retorne à cena anterior. Prova de fogo para um diretor. Requer toda sua espontaneidade-criatividade na leitura do que acontece no "como se", na sociodinâmica grupal, tendo em mente o contrato, a ética, enfim, todo o seu saber. Filosofia, arte e ciência articuladas num olhar voltado para o estar a serviço do grupo, para um possível vir-a-ser.

A escolha da direção foi, até aqui, a de não interromper, permitindo-se a entrega à ludicidade presente, diante do aquecimento patente sustentado nas ações dos integrantes, desencadeadas por um fio de sentidos que vai se fazendo e que cada grupo desenrola em complementaridade; agora, ela muda de lugar. Com maestria, entrando no jogo lúdico coletivo, alimenta o fio *do enredo*, ao mesmo tempo que abre um novo campo de possibilidades, problematizando o caminho. *Não se tem acesso ao "tesouro" assim tão facilmente... De que novas ações criativas esses grupos são capazes? –* poderíamos dizer, fazendo um duplo da direção. Propõe-se, assim, uma das técnicas básicas: a *interpolação de resistência* (contrariar disposições conscientes e óbvias, permitindo que se ouse buscar

Rito de passagem: encontro do valor da vida   57

outros pontos de vista; uma quebra no que poderia ser lido como o já esperado, o que nos leva à repetição; proposição de desafios na busca de caminhos para a *telessensibilidade:* abertura para perceber o outro e dar-se a perceber).

E o que acontece? Nova mobilização, busca de alternativas... Diz-nos a autora: O grupo [Aventureiros] começou uma discussão para decidir se davam a volta, se tentavam ir nadando etc. Os Tirando as pedras do caminho, o tempo todo, queriam determinar o que os Aventureiros deveriam fazer, enquanto os Experientes seguiam o caminho deles, conversando entre si, mas sem notar muito os outros grupos". Há um impasse! O "confiar no método", tão ressaltado por nossa autora, possibilita que o encaminhamento venha do próprio grupo. Na aprendizagem *in situ*, são os que representam o *cluster paterno/firmação de posições, autonomia,* que se desdobram "em ponte" para que os Aventureiros passem! Aplausos... Já não ditam ordens numa posição exterior, autoritária e patriarcal, mas fazem-se egos-auxiliares, tornam-se solução; no plano da fantasia, alimentam-se da "poção mágica" – sabem do recurso interior de prover o próprio alimento e podem, assim, ser mediadores para os outros. *Alteridade* posta em ação que os aproxima da fratria.

Nova intervenção criativa da direção: "[...] conforme fosse chegando ao final da jornada, passando a ponte e alcançando o tesouro, cada um pegaria, sem escolher, um papel que estava sobre a mesa. Esse seria o valor que a pessoa encontraria". Toca-nos imaginar *a ponte humana* construída pelos Tirando as pedras do caminho, a travessia realizada pelos Aventureiros, o envolvimento dos Experientes, que, por sua vez, se fazem ponte fraternal para os primeiros, e o salto qualitativo dos Aventureiros expresso no momento em que propõem que alguns retornem e se façam ponte amiga para os Experientes... A rigor, movimento infindo... Outros precisariam novamente se fazer *ponte*... Instala-se uma sociodinâmica de profunda cooperação entre todos, que dá acesso ao *valor-tesouro.* Cada valor escrito nos papéis, agora acessível a todos – como joias e pedras preciosas –, já não é o "meu"ou o "seu" valor, mas pertence ao tesouro coletivo de toda a humanidade! Tantos "valores", representando aquilo que é importante, que vale a pena, mas na vivência, na ação, um desdobrar-se em tantas pontes para *cuidar da vida* em sua fragilidade. A vida em si, valor maior! Vida em coexistência. Perspectiva que, na grande roda formada ao final, ganha especial expressão, no inteirar-se de todos os valores escritos, no buscar dentro de si a conexão com a *joia/valor* encontrado, na possibilidade de negociação para reaver o "seu valor", no "guardar dentro de si esse valor para, ao final real da jornada, poder avaliar quanto ela permitirá o acesso a ele".

A grande roda já marca a passagem do *como se* para o contexto grupal. Prontidão para o compartilhar.

Compartilhar

Do compartilhamento, a autora mostra-nos a riqueza dos depoimentos e informa-nos de que o valor encontrado pelos participantes ao final "era sintônico" com o que escreveram no início; de que, no caso de duas pessoas que "pegaram o mesmo valor", eles foram escritos por outras pessoas; e, ainda, de que para alguns, o que encontraram de alguma forma respondia a uma questão implícita presente no primeiro escrito. Dádivas da vida, da telessensibilidade acontecendo! O ato chega ao final para a diretora, que agora se sente "diplomada", tendo experienciado sua "confiança no método" – caminho de coconstrução, de cocriação!

Para o grande grupo e seus subgrupos de Aventureiros, Tirando as pedras do caminho e Experientes, um portal foi aberto: na direção de maior subjetivação, do encontro consigo mesmo, para onde o sociodrama nos leva; na direção da coexistência, habitando um mundo compartilhado, fundado em valores e requerendo o exercício da ética, para onde a perspectiva de um axiodrama nos remete. Foi o teatro espontâneo, base de todas as ações sociopsicodramáticas, a senda a ser trilhada, que criou possibilidades, até o final da jornada real, para se empreender o caminhar "Do pensamento à ação integrativa: encontrando o valor da vida". Na ação dramática, pensamento (valor escrito) e ação (utilizada para vencer os desafios) criaram a oportunidade da ação integrativa no jogar os papéis na vida.

Elaborar

Para finalizar, algumas considerações sobre o lugar da confiança em nossa relação com a abordagem moreniana e um apontamento sobre o potencial de saúde e educação do caminho, *methodós*.

"Confie no método". Como um *chamar-se a si*, a direção coloca todos diante da visão de mundo (*Weltanschauung*) que exprime um *ethos* (postura) aberto à espontaneidade-criatividade. Se visões de mundo constituem *moradas* e delas precisamos para cuidar da fragilidade da vida no nosso ser desabrigado e radical da condição humana, nesse chamamento não há um trancar-se, de forma cristalizada, numa ideologia pronta, mas uma sustentação em que procurar abrigo envolve erguer-se sobre os próprios pés, arriscar-se a investigar e investigar junto com o grupo! Um querer-saber que se funda no poder-aprender, o que a direção experiencia como um acontecimento que se dá (Marino, 2002).

Pudemos testemunhar nesse acontecer o referencial teórico dos *clusters* também se apresentando como "abrigo/sustentação" inicial. Já não mais "a mala de materiais" (que pode caber, sim, em determinados contextos e propostas), mas conceitos possibilitadores de um mapeamento sociométrico que guarde evidências com base no *real*. O olhar da direção mapeia, mas não cria estereótipos, assegurando saúde e aprendizagem. Vimos que, na ação, *acolhimento, criação* e *cooperação* são vividos pelos três grupos; assim, os limites entre os *clusters* esmaecem. Na vida, como na sala de aula ou na clínica, a abertura ao que surge permite que fiquemos diante de facetas insuspeitas das pessoas num movimento de aliança com a vida; podemos *confiar nelas*. Desconfigurando a rigidez dos papéis sociais em nosso olhar, podemos acionar a "trans-formação". Aqui, a diretora psicodramatista faz-se *ponte para potencializar a vida e aciona o grupo todo para que dela cuide!*

Da alegria do mestre[1]

Veja, algo de muito importante
Hoje aconteceu aqui
Juntos arrancamos pedaços de Mundo
Agora nosso Mundo
E ainda assim de cada um
E eu aprendi.
O que antes era informe
Não tinha nome, estava desgarrado
O que não era comigo
Agora é através de mim
Eu o reconheci.
Você se fez ponte, caminho, passagem
E mediou a chegada,
Agora é presença o que antes era nada
que eu não via
que eu não queria ver
de que eu fugia, temia...
Você chegou engravidado
Portador de palavras, chegou
Não sei bem como
Mas algo me tocou
Quem sabe o que eu trazia comigo
E nem sabia
Pode sair na passagem que você criou
E da tua gravidez de mim e do Mundo
Veja, alguém que agora sabe
Se trazer à presença,
Com suas próprias palavras,
Ficou.

---

1. Esta poesia, escrita nos idos dos anos de 1980, expressa minha gratidão e homenagem à diretora do trabalho e às organizadoras desta obra, que reúne colegas empenhados em viver/pensar o psicodrama.

Referências bibliográficas

ALMEIDA, W. C. de. *Psicoterapia aberta: o método do psicodrama, a fenomenologia e a psicanálise*. São Paulo: Ágora, 2006.

BUSTOS, D. *Perigo: amor à vista*. São Paulo: Aleph, 1990.

CUKIER, R. *Palavras de Jacob Levy Moreno: vocabulário de citações do psicodrama, da psicoterapia de grupo, do sociodrama e da sociometria*. São Paulo: Ágora, 2002.

MARINO, M. *Vir a ser psicodramatista: um caminho de singularização em coexistência*. 2002. Tese (Doutorado) – Pontifícia Universidade Católica de São Paulo, São Paulo (SP).

MORENO, J. L. *Psicodrama*. São Paulo: Cultrix, 1984.

_____. *Psicoterapia de grupo e psicodrama*. São Paulo: Mestre Jou, 1974.

Capítulo 3

Jogo de fazer diálogos: algumas reflexões sobre um grande grupo

Descrição do sociodrama

Cida Davoli

QUANDO FUI CONVIDADA, em novembro de 2008, para realizar a codireção de psicodrama de um grande grupo no XVII Congresso da Associação Internacional de Psicoterapia de Grupo e Processos Grupais (IAGP), com Kate Tauvon – uma inglesa moradora em Estocolmo –, senti medo daquela enorme responsabilidade e de tamanho desafio, mas, ao mesmo tempo, fiquei muito honrada por receber tal convite. O evento aconteceria em agosto de 2009 na cidade eterna – Roma.

Os congressos da IAGP acontecem bianualmente. Ela congrega grupalistas do mundo inteiro, em diferentes atividades. Uma peculiaridade desses encontros são os grandes grupos, psicodramáticos e psicodinâmicos. Os grandes grupos psicodramáticos que dirigi tinham mais de cinquenta pessoas e, por definição, procuravam definir traços comuns de identidade entre os participantes e produzir cenas dramáticas de temas protagônicos, que revelassem os conteúdos surgidos naquele dia, pessoais e/ou coletivos. Pretendiam proporcionar um tempo para refletir sobre a experiência no congresso, compartilhar pensamentos e sentimentos gerados no dia ou mesmo outro tema de interesse emergente do grupo. Como uma atividade de síntese do dia e reflexão sobre ele, esses grupos aconteciam sempre nos finais de tarde. Eram as únicas atividades, além de poucos médios grupos (de 20 a 50 pessoas), para os congressistas nesse horário.

Como aquecimento, comecei a me perguntar qual seria meu objetivo ao dirigir um grande grupo em um congresso com 1.500 pessoas, das quais 500 delas eram psicodramatistas. O que buscaria nesse encontro com uma pequena multidão? Queria ouvir um grupo? Queria saber o que ele estava vivendo, sentindo e sobre o que estava refletindo naquele momento?

O psicodrama é um dispositivo diagnóstico e psicossocioterapêutico ao mesmo tempo. Bem, o que é ser psicossocioterapêutico de um grupo de 500 pessoas? Utopia? Megalomania? Seria necessário identificar, transformar, mudar, deslocar as cadeias, as redes sociométricas, criar novos papéis, novos *scripts*, liberar a espontaneidade, redesenhar um grupo, alterar seus pontos de força? Queremos novos diálogos, novas soluções, a busca de novos sentidos para nossos tempos, nossos grupos, nossos conflitos?

As perguntas começavam a clarear a intenção e o caminho para se trabalhar com um grupo tão grande. Primeiro, é preciso criar estratégias de trabalho grupal que garantam o mapeamento e o desenvolvimento das questões do grupo.

Em grupos tão grandes, num ambiente tão aberto como o de um grande grupo de um congresso, com entradas e saídas, com um espaço-tempo nem sempre tão acolhedor e continente como é desejável, deixo de trabalhar com o protagonista, apesar de ele ser considerado na metodologia psicodramática como o porta-voz de um conflito grupal.

Nessas direções, preocupo-me em criar uma estratégia que garanta determinado jogo dramático, com regras claras de participação e funcionamento, possibilitando a todos os presentes jogar o jogo proposto. Às vezes, ele é criado junto com o grupo, com base em alguns desenhos demonstrados pelo próprio grupo à medida que se desenrola a fase de aquecimento. Outras vezes, penso em determinado jogo antes de começar a direção propriamente dita, podendo ocorrer pequenas correções conforme o grupo vai se aquecendo. É o caso do psicodrama que descrevo.

Uma estratégia bastante utilizada por colegas consiste em, depois de um aquecimento, solicitar pequenas cenas criadas após a subdivisão do grupo, as quais são apresentadas dramaticamente. Cada microcena comporia uma espécie de painel daquele grupo. Embora me utilize muitas vezes de tal modalidade, percebo que cada subgrupo fica tão voltado para seu próprio grupo que chega a não enxergar a cena de seus colegas. Esse "isolamento" pode acontecer em qualquer grupo, mas não considero recomendável o diretor propor uma estratégia em que o grupo passe a se isolar. A produção de cenas de subgrupos fica interessante quando se solicita e se alcança a interação entre elas.

Então, precisamos criar um formato, uma estrutura, um tipo de jogo para que possamos conter a voz grupal. Essa polifonia... É preciso cuidado para que seja apenas uma estrutura, sem conteúdo. O diretor e sua equipe, embora não sejam alheios aos conteúdos grupais, fornecem a moldura, a estrutura, as regras do jogo. Assim, o grupo, ao se apoderar dessas regras, pode se revelar com liberdade e espontaneidade. Cabe ao diretor fazer valer as regras, orquestrando o grupo, ordenando-o, recriando modos e encadeamentos, como num caleidoscópio. Com isso, cria e recria os conteúdos, as dinâmicas grupais, as redes, numa espiral crescente de criatividade e espontaneidade. Todos somos ao mesmo tempo atores e plateia nesse turbilhão lúdico, revelando-nos e assistindo à sua revelação, numa criação infinita.

Muitas vezes, a estrutura dada pela equipe dirigente induz a determinados conteúdos, enredo, moral. Por exemplo: há sociodramas de abertura de congressos que são, muitas vezes, fortemente carregados de conteúdos, de conservas culturais, como a alegria do encontro – será que sempre temos alegria no encontro? Ou podemos sentir medo, preguiça, impaciência etc. Nos sociodramas de encerramento, a tristeza por estarmos nos despedindo. Será sempre tristeza?

O que quero problematizar aqui é que, embora existam esses conteúdos, o grupo e seus emergentes são os responsáveis por trazê-los, expondo o que se passa nas relações grupais, nas relações congruentes e nas incongruentes, seus temas e seus conflitos. O papel de diretor é o de produtor e zelador do jogo a ser jogado, de analista social da cena sociopsicodramática. A dramaturgia deve ser do grupo.

Ter o conteúdo produzido pela equipe dirigente, a meu ver, é uma maneira, autoritária, pouco sociométrica e pouco democrática de se fazer psicodrama. Mas infelizmente não tão rara.

Conhecendo a codiretora

Tendo em mente todas as considerações relatadas, orgulhosa pelo convite feito a mim, uma mulher, brasileira, comecei a preparar a estrutura de direção, a me aquecer com Kate Tauvon, minha parceira inglesa que morava na Suécia, até então desconhecida.

Nos conhecemos por meio de fotos trocadas na internet, e foi assim também com as informações sobre nossos trabalhos e nossas experiências profissionais. Alguns colegas que a conheciam diziam que, com certeza, gostaríamos uma da outra, por termos algumas afinidades. Isso me tranquilizou no momento em que estava diante de um desafio triplo:

- Dirigir um grande grupo.
- Realizar uma codireção com alguém desconhecido.
- Dirigir numa língua estrangeira.

Depois da troca de alguns "e-mails profissionais", em que contamos certas experiências psicodramáticas com grandes grupos, pensei que teríamos de criar alguma intimidade pessoal, além da profissional, dado que compartilharíamos algo como a direção de um grande grupo,

Enviei, então, uma mensagem a ela contando um pouco de minha vida: meu casamento, meus pais, minha filha etc. Por ela ser inglesa e morar na Escandinávia, achei que não receberia de bom grado aquela mensagem de teor mais íntimo, considerando certa imagem que eu tinha do europeu. Puro engano! Felizmente, ela me respondeu com muito carinho, contando também muitos fatos da sua vida. Era uma carta enorme, o que me deixou ainda

66 Cida Davoli e Pedro H. A. Mascarenhas

mais confiante em minha parceira (já não era mais uma estranha) e, também, confiante em minhas iniciativas. Várias mensagens foram trocadas com esse teor.

Nossa proximidade foi aumentando virtualmente. Mas nosso encontro presencial só aconteceu três dias antes de nossa direção em Roma, no saguão do hotel. Fizemos uma aproximação fraternal, cuidadosa, continente. À medida que conversávamos, foi crescendo a confiança entre nós. Tínhamos um olhar muito profundo uma em relação à outra, o que me chamava muito a atenção.

Eu trabalharia com uma equipe de egos-auxiliares[1], composta de renomadas e excelentes profissionais brasileiras. Kate precisava também conhecê-las para criar algum tipo de vínculo. Havia pouco tempo para isso. Tivemos um ou dois encontros entre todos para combinarmos como faríamos o encaminhamento do grupo.

Kate é uma mulher extremamente acolhedora. Um dia, durante nossos preparativos, ela me convidou para subir ao seu quarto. E eu me senti em casa, apesar de estar em Roma, no quarto de hotel de uma inglesa que mora em Estocolmo, onde estavam guardadas muitas de suas intimidades. Transparentes. Nesse dia, mostrei a ela uma música que pretendia utilizar na direção. Era *Bicho de sete cabeças*, de Zé Ramalho, Geraldo Azevedo e Renato Rocha. Bastante sugestivo o nome para toda aquela experiência, repleta de dificuldades, mas regada de muitas emoções, inomináveis, agradáveis e desagradáveis.

A escolha do tradutor

Para minimizar as dificuldades da língua, escolhi para ser meu *personal translator* Zoltán (Zoli) Figusch, um psicodramatista húngaro, casado com uma brasileira e atualmente morando na Inglaterra. Fluente em português e inglês e amante do psicodrama brasileiro, Figusch organizou dois livros só com autores e trabalhos bra-

---

1. Marcia Batista, Marlene Magnabosco Marra, Mariangela Weschler, Marisa Nogueira Greeb, Monica Mauro.

sileiros[2]. Apesar da distância geográfica, mantivemos uma relação bastante afetiva e próxima, com uma admiração recíproca. Essa escolha e sua aceitação tranquilizaram-me ainda mais.

O projeto de direção e a direção

Dia 26/8/2009 – Roma

Feitas as devidas apresentações, pedimos ao grupo, com cerca de 150 pessoas, que andasse pela sala e se olhasse sem se falar. Pedi, então, que os participantes se olhassem por um tempo um pouco mais longo, até criar um pequeno desconforto. Um desconforto assim nos coloca numa situação extracotidiana, que demanda estarmos mais presentes na situação – necessária ao desenvolvimento da ação dramática.

Os olhares deveriam procurar no grupo alguém cujo olhar lhe daria confiança. Queríamos que cada um pudesse estar em um grupo, no qual percebesse ao menos uma pessoa como sua parceira, para o que desse e viesse. Novas e velhas redes dando sustentação ao desenrolar do jogo que se iniciava.

Depois, pedimos às pessoas que se organizassem na sala, dividindo-se em grupos do norte, sul, oeste e leste. Não demos nenhuma instrução a mais para essa atividade, intencionalmente. Buscávamos "simular" um grupo tentando resolver um problema, uma espécie de aquecimento para o que trabalharíamos ou gostaríamos de trabalhar. Criou-se certo caos, pois as pessoas pediam ajuda aos diretores, aos egos-auxiliares, para que definissem onde seria o norte. Sem muita clareza entre todos, fez-se a tarefa. Alguns não sabiam exatamente onde estavam, se no sul ou no norte. Mas era essa nossa intenção, de perceber que tais lugares podem ser muito relativos, dependendo do ponto de referência.

---

2. Veja detalhes em *From one-to one psychodrama to large group socio-psychodrama (Reino Unido: edição do autor, 2009)* e em *Sambadrama – The arena of Brazilian psychodrama (Londres/Filadélfia: Jessica Kingsley, 2005)*.

Outra atividade, como aquecimento, foi sugerida: que se dividissem em grupos de idade. Um primeiro grupo com pessoas de até 30 anos; outro grupo dos 30 aos 40 anos; um grupo dos 40 aos 60 anos; e um último com pessoas com mais de 60 anos.

Havia uma pessoa de 90 e outra de 80 anos, dois célebres nomes do psicodrama. Havia muitos jovens e muitos organizadores do congresso. Nacionalidades múltiplas: europeus, asiáticos, sul--americanos...

Nessa atividade, pedi que os grupos dialogassem entre si. Então surgiu uma dinâmica grupal, revelada por uma brincadeira entre o grupo mais jovem, que se sentou no chão, e o grupo mais velho, que disse: "Tão jovens e tão cansados". Ao que eles responderam: "Vocês não sentam porque, se sentarem, não levantam mais".

Essa é uma "radiografia" que pode revelar conteúdos explícitos e implícitos desse grupo. A identificação de tais conteúdos atende aos objetivos que temos em se tratando de um grande grupo.

Pelo aquecimento, o contexto social vai penetrando no contexto grupal, e este, no contexto psicodramático, numa teia infinita.

Grupos em tempos de conflito

Esse era o tema do congresso. Pedi que cada um, individualmente, pensasse em cada uma das três palavras-chave que compunham o título do congresso: "tempo", "conflito", "grupo", e escolhesse uma delas pela sintonia pessoal ou profissional. Solicitei que, com base na palavra, cada um se lembrasse de alguma cena de sua vida (aqui não especifico se da vida profissional ou pessoal).

Depois de escolher sua cena, e centrando-se nela, cada um deveria eleger uma frase que:

- disse mas se arrependeu de tê-la dito;
- queria ter dito mas não disse;
- disse e gostou muito de tê-la dito;
- disse mas não com toda a intensidade que ela merecia.

Foram surgindo diversas frases no grupo. Cada uma em uma língua: em português, em italiano, em inglês. Todas elas traduzidas para as outras línguas. Todos puderam num primeiro momento entender o que foi dito em sua própria língua.

- O que deve mudar em minha vida para eu chegar na hora?
- Medo.
- Sou orgulhosa.
- Preciso ouvir você dizer que me ama.
- Estou farto de ficar esperando.
- O momento é agora, não deixe o fogo apagar.
- Quero que me diga que me ama.
- Eu sou assim, não posso mudar. Pegue suas coisas e vá embora.
- Eu não vejo a hora de crescer.
- É o momento de cada um seguir o seu caminho.
- Quero me separar!
- Estou farto de chegar atrasado.
- Tenho prazer de discutir com você.
- O tempo é precioso, acorda.

Propus para aqueles que não tinham frase – ou tinham, mas não queriam participar ativamente da próxima etapa do jogo – que transformassem o centro da sala numa plateia. Um dos organizadores do congresso foi o primeiro a colocar sua cadeira no meio, seguido de muitas figuras conhecidas do psicodrama e de pessoas mais velhas. Era uma sala muito grande, com capacidade para 300 pessoas, e tínhamos uma ocupação naquele momento de cerca de 150 pessoas. Espaço suficiente para todos. Mas, por algum motivo, a plateia ficou se sentindo muito apertada, motivo de queixas de alguns participantes, mais tarde. Outra "radiografia" desse grupo.

O palco foi colocado nas bordas da "plateia", uma sugestão inspirada talvez na minha condição de latino-americana, normalmente fora do centro das decisões. O palco consistia em três pontos ao redor da plateia, havendo uma cadeira e alguns egos-auxiliares nesses lugares. Estabelecemos para cada ponto um lugar do "grupo", do "conflito" e do "tempo". Os donos das frases se dirigiram a esses "palcos". A instrução era que subissem na cadeira, falassem sua frase e a ficassem repetindo até surgir um interlocutor, uma resposta para ela. Só poderiam sair de seu "palco" se: a) alguém do próprio grupo quisesse subir; ou b) houvesse dois interlocutores dialogando. Mas poderia existir um diálogo entre três.

As frases seriam ditas sobre a plateia. Como regra do jogo, havia ainda um quarto palco sem nome, aonde qualquer um, inclusive alguém da plateia, poderia ir para dizer sua frase. Com as mesmas regras. Surpreendentemente, a plateia ficou o tempo todo silenciosa, atenta, impactada por aqueles "jatos" de frases que cobriam sua cabeça.

Visualizando essa cena, nova radiografia: quais significados e sentidos podemos identificar? Os atores espontâneos, os emergentes grupais, eram eminentemente advindos dos grupos jovens. Na plateia, em sua maioria, os mais velhos, silenciosos, apertados, surpresos.

E os diálogos a dois, a três, foram se sucedendo. A cena toda, diálogos, plateia no centro.

Num palco neutro, abstrato, sem definição clara de personagens, são inúmeros os sentidos e significados que podemos imaginar para esses diálogos.

O teatro, diferentemente das histórias narradas, é um jogo dramático, que se realiza entre personagens. O público "assiste" a esse jogo e constrói uma história. Cada pessoa que está na plateia pode construir uma história particular. Ao dirigir um psicodrama, considero esses pontos de vista.

Os diálogos, com frases originadas em sua vida, trazem um tom romântico. Parecem falar de casos de amor que terminaram, ou que estão começando, ou que estão para terminar.

Se acreditamos que um contexto (social, grupal, psicodramático) perpassa o outro e considerarmos que essas pessoas estão num contexto grupal de congresso – um grupo de profissionais, na sua maioria psicodramatistas –, como podemos entender as frases? O que elas revelam desse grupo? Um encontro tentando se acertar, ou alguma coisa que está prestes a acabar, ou ainda algo com muita urgência de começar e que não deve ser desperdiçado de maneira alguma: *O momento é agora, não deixe o fogo apagar.* Também, a sensação de incompletude, de estarmos atrasados em relação a alguma última novidade. *Estou farto de chegar atrasado* – o que seria estar na hora? Seria saber tudo, seria chegar a tempo para participar? *Quero me separar!* – de quem: de alguma abordagem teórica, de algum professor, de alguma ideia que não me deixa caminhar?

E se pensarmos num contexto social, o que revelam as frases? *Eu sou assim, não posso mudar. Pegue suas coisas e vá embora.* Como entenderíamos essa frase sendo dita, por exemplo, por um europeu para um imigrante? Ou, ainda, ao contrário: um emigrante dizendo isso para um europeu? A qual tipo de rigidez essa frase se refere no contexto social?

A ideia de colocar a plateia num espaço pouco usual nos psicodramas, no centro da sala, visava criar nela um desconforto, para provocar novos modos de participação. Mas ver esse público silencioso, parado, ficando no meio do diálogo dos atores, dos palcos, criou em mim um desconforto, seguido da reflexão: "Apesar de sermos partes integrantes das cenas (afinal, a plateia no psicodrama é responsável pelo que ocorre no palco), pensamos que não eram nossas, então silenciamos. E perdemos a oportunidade de mudar o rumo da história." O silêncio pode ter, também, muitos significados.

Epílogo

Por que sempre achamos que o sentido está em quem faz, e não em quem assiste?

Nos teatros shakespearianos, o público comprava na entrada "vaias sólidas", isto é, todos os legumes da estação. Ao assistirem à peça, se não gostassem de algum diálogo, de algum desfecho para a cena, as pessoas usavam suas vaias sólidas para mostrar seu descontentamento. Era um modo de essa plateia participar, de demonstrar sua opinião.

O psicodrama de grande grupo em Roma foi um jogo, no qual "atores", representando personagens retirados de suas histórias pessoais, criaram frases-*script* que, na estrutura do jogo proposto pela equipe diretora, produziram diálogos os mais variados possíveis: inusitados, absurdos, reveladores, enigmáticos, proporcionando múltiplos sentidos para o público presente. Não se trata de uma história com começo, meio e fim, como a vida também não é, mas de diálogos, jogos, que vão criando sentido, ou não, para atores e público, conforme vão se desenvolvendo. Um drama em *status nascendi*, fresco, emotivo, criativo, instigante.

Comentários sobre o relato de Cida Davoli a respeito do sociodrama realizado no Congresso da IAGP em Roma, 2009

Pedro H. A. Mascarenhas

FUI CONVIDADO PARA FAZER o processamento de uma sessão dirigida pela Cida Davoli e aceitei com muito prazer. Depois pensei: como não estava presente no evento, prefiro caracterizar o texto como comentário sobre o relato da sessão de sociodrama. Há uma diferença: uma coisa é pensar no que vivi; outra é refletir sobre um texto. Tomo a liberdade de, assim, alterar a encomenda. Esclareço isso porque penso que algo parecido ocorreu nessa sessão. Foi previamente acertada uma codireção. Apesar da boa vontade de todos, isso não ocorreu. A codiretora do norte, da Suécia, não permaneceu no trabalho. Foi para a periferia? A articulação norte-sul se rompeu.

O trabalho foi efetivamente dirigido pela codiretora do sul, do Brasil. Cida permaneceu no centro e não na periferia. Esse acontecimento merece ser salientado e, se possível, as codiretoras devem ser ouvidas a respeito. Elas, sim, poderão fazer um processamento desse acontecido. O arranjo prévio não pôde ser realizado, assim como no caso deste meu textom que é comentário e não processamento. Estamos metidos todos, inclusive eu, na trama sociométrica do nosso movimento psicodramático. Estamos todos implicados.

Há um modo de caracterizar o procedimento sociodramático: o representado está presente no dispositivo. Isso difere do procedimento psicodramático. Explicando melhor: quando, por exemplo,

Antônio não está presente e é representado por um ator, estamos predominantemente num contexto psicodramático; quando Antônio está presente e ele mesmo se representa, estamos predominantemente num contexto sociodramático. Claro que essa característica tem limites, pois, uma vez que todos estejam presentes, sempre falaremos por representações de algo que está ausente.

Cida Davoli, uma psicodramatista sul-americana, brasileira, dirigia um sociodrama em que estavam presentes psicodramatistas do mundo todo. Do norte, do sul, do leste e do oeste. Novos e experientes psicodramatistas. Jovens e velhos. Todos ali. Quem é do norte? Do sul? Do oeste? Do leste? Quem é do centro e quem é da periferia? Eis algumas das perguntas suscitadas pelo aquecimento provocador da diretora. Perguntas todas elas cheias de diversos significados, segundo a cultura e a subjetividade de cada um. Ela mesma, a diretora, de que ponto cardeal vem? Será periférica ou central? Por via das dúvidas, ela estabeleceu um centro para a plateia. O palco foi para a periferia. Que ilusão! Todos estavam no palco e na plateia. "Todos somos ao mesmo tempo atores e plateia nesse turbilhão lúdico, revelando-nos e assistindo à sua revelação, numa criação infinita." Um acontecimento sem representações. Apresentação. Pelo menos, parcialmente.

Nesse grupo fica sublinhado que também, o diretor é membro dele, no contexto grupal, social e dramático. Todos implicados. Compartilhar as propostas do jogo dramático e também jogar. Esse é o desafio. *Bicho de sete cabeças*.

O aquecimento passou pelas fases de estimular o encontro de uma parceria, distribuir os participantes pelos pontos cardeais e pela idade. E novamente a necessidade de encontrar uma parceria. A diretora encontrou e desencontrou sua codiretora nórdica.

Tempo, conflito, grupo. Esse deveria ser o tema. Que tempo, que conflito e que grupo? Da IAGP? Do movimento psicodramático? Da sociometria da diretora sul-americana, brasileira? Tantos cruzamentos, um novelo emaranhado.

Os jovens falaram e jogaram suas falas, apertando o grupo central, constituído, em sua maioria, pelos mais velhos, que permaneceram silenciosos. O dito e não dito, e também o dito e feito. As falas flutuantes, desancoradas de personagens ou cenas, criaram estupor no grupo central e desconforto na diretora.

Se eu estivesse lá nesse momento, acho que gostaria de me sentir mais ancorado. Com as falas associadas a personagens; por exemplo, psicodramatistas do norte, psicodramatistas jovens, do centro, da periferia, a IAGP etc., mas acima de tudo o papel de diretora do sociodrama da IAGP. Concretizar o papel de diretora do sociodrama da IAGP. Fazer esses papéis circularem, pedir que todos fossem esses personagens, um de cada vez. "Concretizações múltiplas", termo que atribuo a isso, a exemplo do "duplo múltiplo".

Realizar e presenciar o sociodrama no congresso da IAGP, em Roma, ou comentar e sugerir caminhos neste capítulo são formas de ação que podem propiciar sentidos e, assim, nos instigar a continuar psicodramatizando.

Uma última questão, mas não menos importante. Sempre vi a IAGP como uma organização centrada nos países europeus e da América do Norte. Cabe perguntar, como sociodramatista, em que ponto tal dinâmica, ocorrida nesse sociodrama, reflete a política da IAGP? Estou me referindo à política de articulação entre os diversos países e, também, à política de renovação, à relação entre jovens e velhos.

Um pequeno/grande contraponto (Cida Davoli)

Pedro Mascarenhas, como sempre um meticuloso psicodramatista, apresenta-nos uma questão muito importante envolvendo a ancoragem das falas em personagens mais definidos. O texto que nasce de papéis sociodramáticos (como, por exemplo, psicodramatista do norte), numa espécie de psicodrama realista, cria enredos e tramas mais visíveis e compreensíveis pela plateia e pelo grupo. Ainda que a cena dramatizada possibilite várias leituras, o ator que representa está sujeito a estereotipias e conservas culturais, por estar reapresentando um papel social, nem sempre com o devido aquecimento emocional para o papel. Se, de um lado, temos a representação do papel, de outro, temos a interpretação do papel. Acredito que a interpretação de um papel passa necessariamente pela pessoa privada do ator, criando mais intensidade e, até mesmo, mais verdade e comprometimento naquele desempenho. Gera mais emoção e mais verdade no contrapapel.

No psicodrama de Roma, as falas desancoradas de personagens do contexto grupal e social estavam ancoradas em experiências subjetivas de cada ator, que emergiram de uma dinâmica sociométrica produzida pelo grupo. Sem dúvida, o resultado foram cenas menos lineares, porém mais passíveis de entendimentos diferenciados por quem as estava fazendo. Metáforas cênicas. Metáforas grupais. Metáforas temporais. Metáforas...

Capítulo 4

Sociodrama durante emergências sociais

Descrição do sociodrama

Dalmiro Bustos

A PREMISSA DA SOCIATRIA é que não apenas a psique individual precisa ser curada, mas toda a sociedade. A palavra tem duas raízes: o latim *socius* (a outra pessoa) e o grego *iatreia* (cicatrizar ou curar). O foco de atenção está na interação entre psiques, entre membros do grupo, em suas adesões a outros membros e na natureza da interação com outros grupos (Moreno, 2006, p. 156).

Para todos nós que temos a sorte e enfrentamos a dificuldade de viver na América Latina, a palavra *crise* perde o significado, já que tornamos o circunstancial um hábito. O que aconteceu no Haiti e no Chile – os terremotos devastadores – é uma prova disso. Em termos econômicos, políticos e ambientais, tivemos poucas fases de calma. Talvez por isso estejamos sempre preparados para a tragédia. É claro que essa situação tem um preço: o estresse de um povo em estado de alerta. No caso da Argentina, as frequentes "revoluções" e as mudanças de rumo conduzidas pelos governos criaram um estado de desamparo e desesperança que nos torna irritáveis e pessimistas. Por inoperância ou por autoritarismo, reina a insegurança, palavra-chave para entender o nosso mundo. Quem representa os valores centrais da nossa sociedade? Em quem podemos acreditar? Qualquer figura de autoridade, sejam pais, professores ou governantes, é vista como perigosa e pouco confiável.

A paranoia revela a desconfiança que perde a conexão com a realidade. O inimigo imaginário pode ser qualquer um, sem provas extraídas da realidade que o justifiquem. E pode nos assediar de repente. Tudo que nos cerca pode ser encarado como uma ameaça em potencial. Se fossem episódios individuais, seria o caso de tratamento. Mas o que acontece quando o quadro se apresenta na sociedade como um todo?

Essas fronteiras ficam pouco claras quando aqueles a quem confiamos a tarefa de cuidar de nós nos traem reiteradamente. A corrupção e a traição de nossa classe política nos desprotegem. E a paranoia se torna social. Salve-se quem puder! Os Bush de nossa sociedade roubam a nossa confiança. As portas dos carros trancadas, as bolsas agarradas para que ninguém as roube, o medo de ter o cartão de crédito clonado... O "por via das dúvidas" nos leva a um mundo potencialmente brutal. As drogas proliferam, e esse descontrole permanente pode acabar com vidas em um segundo. Reina o desamparo, já que não basta a proteção do lar, mesmo para os privilegiados que contam com essa barreira. As ditaduras atuais não são, em geral, de caráter militar. É mais difícil identificá-las. Algumas religiões defendem fundamentalismos sem espaço para opções. Quem pensa diferente é um inimigo a ser destruído. As empresas ditam regras do seu próprio jogo com base no domínio que exercem sobre os povos. Elas compram governantes que sejam funcionais para os seus objetivos.

Empresas apropriam-se da medicina e ditam leis sobre duração dos tratamentos, indicação de recursos diagnósticos e outras decisões que cabem, na verdade, aos profissionais da saúde. O conhecimento também se transforma em meio de dominação. Em uma mesa-redonda de que participei, um dos presentes afirmou que tudo que não se baseasse na linha teórica que ele defendia era mero tranquilizante diante da doença. Ele falava em "psicologia profunda" utilizando "profunda" como sinônimo de "qualidade", e não em relação à inclusão do inconsciente na compreensão do ser humano. O que ele dizia era tão taxativo que foi uma das poucas ocasiões em que fiquei calado.

78 Dalmiro Bustos e Marisa Nogueira Greeb

Não cabe discutir aqui as causas profundas desse fenômeno, que provavelmente será tratado por alguns dos coautores desta publicação, mas optei por usá-lo para abordar o tema proposto. Qual é o nosso papel como psicoterapeutas diante do panorama atual? O que podemos fazer?

Moreno começa seu trabalho sociométrico com o Manifesto de Mittendorf. A proposta concreta mostra-se irrealizável, mas a ideia principal continua válida. Intervir no grupo como tal é uma forma possível de transformação estrutural. O grande inovador introduz o conceito do agente de mudanças sociais. Pouco tempo depois, durante a Segunda Guerra Mundial, Bion (1963) concebe e implementa os grupos com função terapêutica. Tanto o campo de refugiados – onde surgiu a proposta de Moreno – como a guerra são matrizes em que reina a violência. A ideia de grupo contra a violência não surge por acaso. Ninguém pode gerar sozinho um campo de luta contra a violência.

Grupos

Desde 1957 eu trabalho com grupos, e muitas vezes esse trabalho ocorreu por circunstâncias alheias a iniciativas próprias. Durante a minha formação como psiquiatra nos Estados Unidos (1957-62), por exemplo, logo que cheguei ao hospital fui levado como observador a um grupo terapêutico para pacientes a caminho da alta de internação. No primeiro dia, o residente de terceiro ano que coordenava o grupo ficou doente e uma enfermeira me avisou que eu assumiria a função. Até hoje não sei o que fiz de fato, porque o pavor não deixa marcas na memória. A questão é que sobrevivi. Naquela noite, "devorei" o primeiro livro que achei sobre o tema, na época um manual importante para aqueles que desejavam trabalhar com grupos.

Quando voltei a morar na Argentina, sem saber escolhi como meu terapeuta um profissional que era uma referência na terapia psicanalítica de grupo. Quem tiver conhecimentos de astrologia gostará de saber que eu nasci às nove da manhã do dia 9 de outubro de 1934 na cidade de La Plata, na Argentina. Parece que todos os astros do universo estavam na casa onze, sede dos grupos.

Não tenho elementos teóricos para rejeitar nem confirmar o peso determinante ou condicionante desse fato, mas todas as fontes de conhecimento humano merecem o meu respeito, desde que sejam administradas honestamente.

A questão é que tanto como terapeuta verbal quanto como psicodramatista eu sempre trabalhei com grupos, no consultório e como professor.

Conheci Moreno em 1964, e esse encontro definiu a minha postura na psicoterapia: sou psicodramatista e penso como Moreno, que costumava repetir: "Se eu nascer de novo, quero voltar como grupo".

Malvinas

A guerra chamada "suja" – como se existissem guerras limpas – foi uma experiência trágica em todos os sentidos. A dor, que perdura até hoje em nossa sociedade, criou situações em que o nosso trabalho era realizado de um clima de perseguição. Trabalho com grupos terapêuticos de forma particular desde 1963. Cheguei a coordenar vinte grupos semanalmente. Mas, durante a ditadura, os grupos eram considerados subversivos. E os militares tinham razão, já que para o autoritarismo o pensamento criativo é o pior inimigo da razão do poder. Os desaparecidos dessa encarnação do poder destrutivo da ditadura militar foram muito mais numerosos do que os evidentes. Todo mundo evaporava como defesa. Militâncias escondidas, heroísmos e covardias, sonhos transformados em sangue. O último delírio dos militares foi o ato "heroico" de recuperar as ilhas Malvinas. Meu filho mais velho estava prestanto serviço militar, obrigatório na Argentina naquela época, quando a guerra começou. E o Fabián foi levado para as frentes de combate.

A minha mulher, Elena, e eu não ficamos quietos. Publicamos um anúncio no jornal argentino propondo um encontro dos pais que estavam vivendo a mesma situação. Na primeira vez que nos reunimos, eu estava nas mesmas condições de quando conduzi o meu primeiro grupo: partindo do zero. Mas o que eu não sabia enquanto estava sozinho descobri em contato com os meus pares.

A sabedoria não é individual, ela está no seio dos grupos. No início, éramos 60 pessoas, e chegamos a ser 700 ou mais.

Sociodrama

Ninguém tinha um plano. O primeiro passo foi focalizar a questão: os nossos filhos estavam na guerra e nós estávamos desamparados, independentemente de ideologias, posturas políticas ou religiões. O grupo funcionava como um ponto de apoio. O primeiro objetivo, então, era sair da solidão e do isolamento. Mas a angústia era enorme. Nenhum de nós tinha decidido fazer aquela guerra. Sequer tínhamos escolhido livremente os administradores desse "ato heroico". Éramos receptores passivos de um ato messiânico. O fato de não termos nenhum controle nos deixava impotentes. É importante lembrar que, até a véspera da guerra, os nossos filhos, de 18 anos de idade, ainda nos prestavam contas dos seus atos. Muitos ainda nem tinham a chave de casa. Os pais exerciam o papel de cuidar dos filhos de um modo que foi desaparecendo.

A tensão no início era enorme. Faz sentido propor um método de ação em tais circunstâncias? A ação psico ou sociodramática exige um distanciamento operacional adequado. Caso contrário, a ação poderia se transformar em um perigoso *acting out*. As explosões emocionais eram vividas pelo grupo sem críticas. A dor e o choro encontravam rapidamente a contenção do grupo: alguém se aproximava, segurava a mão de quem estava chorando e havia um efeito em cadeia. Logo depois, estava todo mundo chorando. O medo ficava mais claro em atitudes corporais que indicavam tensão contida. Aos poucos, começávamos a revelar o nosso medo de que os nossos filhos estivessem passando frio e fome. Ninguém mencionava o medo real: de que estivessem mortos. O papel materno (*cluster* 1, de acordo com a minha proposta) era exercido de modo natural e espontâneo.

A emoção mais difícil de expressar era a agressividade. Era difícil lidar com a possível perda do controle. Facilitar a descarga para reduzir a tensão é uma prática comum no sociopsicodrama. É só uma descarga, mas ajuda a evitar que o nível de agressividade bloqueie a possibilidade de elaboração produtiva. Algumas vezes, apelávamos para movimentos como bater os pés no chão ou sacudir os braços. Movimentos esses de alívio mínimo para o nível de tensão, mas suficientes para permitir uma ação conjunta. O princípio de organização (*cluster* 2 ou paterno) chegava como consequência da contenção emocional.

A palavra-chave imperante no período seguinte era "compartilhar" (*cluster* 3 ou fraterno). Criou-se um espaço em que cada um podia expressar seus medos, pensamentos ou notícias. Cartas dos nossos filhos eram lidas para que todos as compartilhassem. Uma eventual ligação telefônica era uma confirmação de vida. Os meninos davam um jeito de telefonar de vez em quando. Eram momentos de comoção no grupo, embora, na verdade, a comoção fosse uma constante. Assim, cada carta correspondia a todas as cartas, cada ligação era para todos.

O ato de compartilhar oferecia-nos o alívio, mas era também um momento temido. Alguém poderia ter uma notícia temida. Isso aconteceu quando o grupo já existia havia algum tempo. As notícias das primeiras baixas chegaram como algo apavorante, embora esperado. O momento mais difícil para mim foi durante uma reunião em que recebemos a notícia da morte de um soldado e a namorada dele estava sentada na primeira fila. Sermos portadores dessas notícias deve ter sido uma das situações mais críticas que enfrentamos.

As tarefas

O fato de nos mantermos ocupados se mostrou um poderoso indício de organização. Além disso, fomos progredindo de um espaço de contenção para um grupo organizado que executava tarefas. Os integrantes do grupo vinham dos núcleos sociais mais variados. Havia de profissionais liberais, comerciantes e funcionários públicos a desempregados que não conseguiam suprir as necessidades mais básicas, a ponto de não poderem pagar o transporte para ir às reuniões. Aos poucos, foram surgindo tarefas específicas, como visitar as famílias sem recursos e fornecer soluções para que pudessem

82 Dalmiro Bustos e Marisa Nogueira Greeb

comparecer aos encontros. Mandar encomendas para os soldados podia parecer uma tarefa simples, mas para muita gente não era. Foi criado um grupo com sede no correio central de La Plata para assessorar os pais quanto à maneira adequada de fazer os envios.

Comunicação

No início, ficou acertado que manteríamos o grupo fechado e que só seus membros poderiam ir às reuniões. Estávamos na ditadura militar, mas, para mim, estava claro que a nossa melhor proteção era a imprensa. Convidamos jornalistas para participar dos encontros quando quisessem. A partir de então, todos os dias era publicada alguma nota sobre o nosso grupo. No começo eram apenas menções, mas quando fomos ganhando força as notícias passaram a ganhar destaque. Essa maneira de funcionar nos permitiu chegar à população em geral. Muitos núcleos de profissionais ofereceram ajuda gratuita às famílias. O apoio de todas essas pessoas nos ajudou a ter uma força que funcionava como um escudo diante da possível e provável interferência dos militares. Falarei disso adiante.

Por ser um grupo muito heterogêneo, havia entre nós as profissões mais diferentes. Um dos membros ocupava um cargo alto na empresa nacional de petróleo da Argentina. Como se sabe, as maiores jazidas de petróleo estão ao longo do litoral marítimo. Esse fato nos permitiu manter uma rede de comunicações perto do cenário da guerra. Quando a Marinha inglesa se aproximava, recebíamos notícias com tanta precisão que os próprios militares nos pediam informações. Éramos uma fonte mais confiável do que as Forças Armadas, já que o nosso único interesse era defender os nossos filhos.

Certo dia, um episódio confirmou o poder do grupo de pares. Um dos pais nos contou que no passado uma retransmissora de rádio da província de Buenos Aires tinha se instalado nas Malvinas; embora nunca tivesse sido utilizada, ela também não tinha sido desativada. Conseguimos ativá-la e ficamos sabendo que era ouvida nas ilhas. O programa *Buenas noches, Malvinas* começou a ser transmitido, combinando músicas de que os nossos filhos

Sociodrama durante emergências sociais **83**

gostavam, notícias sobre o futebol local e cartas abertas dos pais. Era transmitido diariamente às oito da noite. Nem todos os soldados podiam sintonizar a rádio, dependendo do lugar onde estavam. Mas saber que um deles pelo menos poderia estar ouvindo já nos dava uma sensação de proximidade que não tinha preço. Eu guardei as gravações dos programas, mas confesso que nunca consegui ouvi-los de novo.

Três membros do nosso grupo foram encarregados da comunicação com os militares. Um deles era eu. Inicialmente, eram contatos formais, sobre a existência ou não de notícias. Quando o grupo foi ganhando força, as reuniões tornaram-se diárias e intensas. Certo dia, um jornal publicou uma matéria que tinha como título uma pergunta feita por mim em uma das reuniões: "A quem entregamos os nossos filhos?" Eu me referia às queixas dos soldados de que sentiam frio e se alimentavam mal, apesar da grande quantidade de encomendas que enviávamos pelo correio. Nesse mesmo dia, recebi uma ligação do coronel responsável pelo regimento pedindo um encontro. Eu fui. O olhar dele já dizia tudo: estava furioso. E fiquei com medo. Com muito medo. Mas meu papel de pai e a absoluta certeza da força do grupo naquele momento reverteram a situação, e acabei comandando a conversa. O grupo estava comigo. Ele estava sozinho. Depois disso, tudo mudou, a ponto de, quando a guerra acabou, o coronel ter nos consultado sobre a recepção para os garotos. É claro que nós organizamos tudo.

A transferência

Desde que os encontros começaram, houve um clima que favorecia as fantasias persecutórias e a transferência no sentido moreniano. Nas primeiras reuniões, sempre aparecia a figura do infiltrado. Havia olhares desconfiados, rostos novos eram vistos como suspeitos. Os militares estariam nos espionando para nos prejudicar? Não devemos esquecer que a guerra se sobrepõe à "guerra suja", com suas perseguições e matanças. Se tivéssemos nos fechado para evitar esse risco, o fantasma da perseguição teria tornado a nossa ação inviável. Falar baixo e tomar cuidado era agir como se fôssemos subversivos. Com tantos anos de experiência de atividades em grupo, tanto a Elena como eu sabíamos que não poderíamos progredir nesse clima. A resposta foi convidar explicitamente os militares para que fossem aos encontros. Nada do que nós fazíamos era contra eles: o nosso objetivo era ajudar os nossos filhos. E, aos poucos, a fantasia da perseguição foi perdendo força.

Mas isso levou a outro fenômeno: a criação da figura messiânica, identificada com a minha pessoa. Eu coordenava as reuniões junto com a Elena e outro integrante, já que tínhamos mais experiência com grupos. Quando os ingleses chegaram às ilhas e a guerra começou de modo explícito, a tensão aumentou. Então, quando eu entrava nas reuniões, os outros pais me cercavam pedindo as coisas mais absurdas, como, por exemplo, que utilizasse as minhas "influências" para trazer de volta o filho que estava mal. Ou, ainda, que conseguisse a transferência do filho, porque o garoto estava em um lugar muito frio e úmido. No início, eu ficava atônito com esses pedidos. Eu era um pai como qualquer outro, tão distante das esferas de decisão como todos os outros. De que influências eles estavam falando? Nunca entendi tão bem o sentido e o poder da transferência como naquelas circunstâncias. O grupo, no seu desespero e desamparo, precisava de um protetor que os resgatasse da impotência. Que efeito isso tinha em mim? Surpreendi-me em momentos nos quais eu mesmo sentia que não era "mais um", tão exposto ao horror como qualquer um deles. Eu "detinha" o poder transferido. Ao refletir sobre esses momentos, compreendi também o perigo que vive um terapeuta em momentos de crise pessoal. Aceitar essas "missões messiânicas" permite comprar a fantasia de ser onipotente.

Felizmente, a consciência do perigo me permitia transpor o obstáculo e reiterar sempre que eu era um par que estava exercendo naquele momento o papel de coordenador. Poderiam ter acontecido duas coisas igualmente negativas. A primeira, como disse, seria aceitar o papel messiânico; a segunda, ficar irritado. Se não entendesse os mecanismos grupais que levam a essas dinâmicas perigosas, acabaria maltratando o grupo. A espontaneidade do coordenador é essencial, mas desde que ele não esqueça que o filtro da condição primordial da espontaneidade é a adequação, o que implica a incorporação do conhecimento não dissociado. Também me ajudou muito estar disposto a compartilhar as minhas próprias angústias. Certa vez, uma senhora idosa, que estava sentada na primeira fila, provavelmente avó de algum combatente, segurou a minha mão e me disse: "Não se preocupe, meu filho. Vai dar tudo certo, confie em Deus". Eu não tenho fé no Deus a que ela se referia, mas tenho fé no poder curador dessa mão cheia de amor.

A chegada

Claro que nem todos voltaram. Foram momentos de grande tensão. Uma vez "perdida" a guerra, restaram várias ansiedades. A derrota, que só não era previsível para os delírios dos ditadores, tornava tudo ainda mais sem sentido. A clara sensação de que os nossos filhos tinham sido utilizados como "bucha de canhão" aumentava a ira. Esse sentimento sempre é perigoso, mas em um grupo grande é prenúncio de explosões. Para fora ou para dentro do próprio corpo. E isso aconteceu. Nos últimos dias da guerra, um dos pais que frequentavam o grupo teve um infarto. Vários avôs e avós morreram entre o início das reuniões e o final daquele ano, entre eles a minha mãe e o meu sogro. Era insuportável, para todos eles, pensar que seus netos poderiam ter uma morte violenta. Não havia representação simbólica possível, então o corpo falava. E gritava o horror do momento.

Quando os garotos voltaram, a primeira ação foi apoiar as famílias que enfrentavam a maior de todas as desgraças: não ter seus filhos de volta. Eles não foram mais ao grupo. Nós nos encontramos com eles a sós.

Os soldados sabiam da existência do grupo de pais. Alguns foram a determinados encontros, mas era tudo pesado demais. Não podíamos pedir que eles se integrassem. Cada um de nós podia representar o mundo cruel que os mandou para a guerra com um triunfalismo absurdo, para depois recebê-los como loucos, delinquentes ou fracassados. Uma multidão tinha se despedido deles como heróis.

Na chegada, foram recebidos com um silêncio só quebrado por gritos de "covardes" ou coisas do tipo. Alguns me pediram que fizesse reuniões com grupos fechados. Eu atendi no meu consultório alguns garotos com neurose traumática; organizei alguns grupos para que eles pudessem compartilhar as experiências. Lembro-me de um dos meninos que só repetia: "Eu não entendo". Alguns foram internados. Desconcertado e despreparado, o Exército agia com incoerência, incapaz de reconhecer a sua brutal ignorância. Muitos garotos estavam voltando para o nada. A Universidade de La Plata criou um núcleo de ajuda. A Elena trabalhou para reorientar os ex-combatentes que estudavam. Para os outros, procuramos um trabalho.

O grupo de pais teve como última tarefa nos preparar para estarmos com eles. Fizemos um *role-playing* sobre como falar com eles e como ouvi-los. Eles tinham passado por experiências que nós desconhecíamos. Tivemos de enfrentar suicídios – que ao longo do tempo foram mais frequentes do que as mortes em combate –, crises familiares, depressões.

O grupo tinha cumprido a sua função, e as diferenças ignoradas durante o período da guerra ficaram evidentes. O ponto de ruptura apresentou-se claramente na missa pelos mortos em combate. As Mães da Praça de Maio, solidárias, compareceram, e eu me aproximei para agradecer. Houve um longo e tenso silêncio. As nossas diferenças ideológicas ficaram patentes. Para alguns, as situações não eram comparáveis. Os filhos delas tinham escolhido seus caminhos, "alguma coisa errada eles fizeram". Os nossos não. Pais de primeira e segunda categoria. O motivo que tinha nos reunido não existia mais. Agora apareciam diferenças que indicavam que a nossa força como grupo tinha acabado. As reuniões foram se espaçando. O nosso trabalho continuou de modo isolado. Os garotos criaram seu próprio grupo, que existe até hoje, 28 anos depois do fim da guerra. Fim? Será que uma guerra tem fim?

Sociodrama, psicodrama ou...

Eu continuo com várias perguntas. Escrevi o livro *El otro frente de la guerra*, lançado em julho de 1982. Queria que fosse um depoimento visceral publicado durante o governo militar como registro daquele comportamento brutal e selvagem. O regime foi o pior inimigo dos soldados. Uma prova clara da selvageria é que os alimentos que nós mandávamos ficavam jogados em um galpão e não eram entregues aos garotos. Claro que houve gente com coragem e valentia. Mas, ainda hoje, tantos anos depois, não posso exigir de mim mesmo ser imparcial nesse assunto. Foi um sociodrama? Acho que sim, mas com as regras do caos. Foi um psicodrama? Com certeza não, já que não havia lugar para o imaginário.

A ação dramática exige um grau mínimo de distanciamento do fato em si. Um mínimo de eu-observador que registre os acontecimentos. Sem isso, a ação dramática assemelha-se a uma atuação. Não havia lugar para a representação. O drama era tão intenso que não permitia nem o psico nem o sociodrama na sua estrutura tradicional.

Em 1963, fiz um curso em Buenos Aires, dado pelo médico escocês Maxwell Jones, que foi muito útil para mim. Seus conceitos sobre a comunidade terapêutica foram reveladores. Abrimos uma comunidade terapêutica nesses moldes no hospital Melchor Romero. Ávido por aprender mais sobre o método, fiz um estágio no hospital dele no Colorado, onde pude viver *in situ* a força daquela proposta. O psicodrama era totalmente compatível com ela, tanto técnica como ideologicamente.

Ao enfrentar a difícil tarefa de trabalhar com o grupo de pais, essa experiência me serviu para evitar o caos. Jones propunha que na primeira parte das reuniões fossem abordados os nossos sentimentos em relação à tarefa em questão. Horizontalmente, sem distinção entre coordenadores e pacientes. Isso equivale à proposta de Moreno, de compartilhar depois da dramatização, sem hierarquias. Só mudava o momento. Jones começava as reuniões assim, enquanto Moreno propõe que o compartilhamento ocorra no fim da experiência psico ou sociodramática. O simples fato de encontrar um âmbito de contenção acrítico para os sentimentos gera um clima de horizontalidade e receptividade. E foi isso que fizemos. Não buscávamos interpretação nem crítica. As comportas eram abertas e entravam em circulação tensões, medos e angústias contidos. No princípio, esse momento era o mais temido, mas acabou sendo o mais esperado.

Depois que as tensões eram compartilhadas e contidas, passávamos para a parte operacional. Notícias que precisavam circular, pedidos, necessidades. Quem podia responder a tantos pedidos? Sempre havia alguém para ajudar, diretamente ou por meio de um voluntário. A resposta ao desamparo era dada com ações claras. Um dentista? Havia vários. Um médico? Também. Um atendimento psicoterapêutico ou psiquiátrico individual? Conseguíamos. Um advogado?... E assim o grupo funcionava como um fornecedor que, além da ação específica, oferecia uma saída para a desolação e o desamparo crescentes.

A etapa seguinte incluía a organização para realizar as tarefas necessárias. Foram criadas comissões para as comunicações, o programa de rádio, o contato com os militares, a atuação nos correios etc. Isso permitia uma organização que direcionava as várias urgências de um grupo numeroso. Mas também era terapia ocupacional. Nós não ficávamos passivos diante dos inimigos, que não eram só os ingleses. Estávamos em luta, não em guerra.

Conclusão

Foi a tarefa mais difícil da minha vida. E a que me deixou mais marcas e experiências de vida. Além disso, colocou em jogo a minha criatividade, valorizada pelos meus companheiros. Foram três meses tão intensos que, 28 anos depois, eles ainda ecoam em mim. Esses meses me ensinaram a ser forte e humilde. E reforçaram o meu norte de vida: a minha luta é e sempre será pela não violência, seja na forma que for, com a justificativa que for. Nós, latino-americanos, sempre sofremos violências. Hoje estou escrevendo estas linhas e os ecos dos terremotos no Chile e no Haiti nos chamam a agir. O sociodrama é um instrumento que pode canalizar a nossa decisão de luta. Dar voz ao silenciado pela opressão é um grande objetivo de vida. Dar voz a uma natureza que precisa de nós ativos e presentes também. Grupos como o Greenpeace mostram que as pessoas que não estão presas a compromissos políticos, sempre subordinados aos interesses econômicos, podem mudar muita coisa. Seria muito interessante que elas pudessem trabalhar com o sociodrama. Um treinamento sobre essas técnicas pode habilitar muita gente para utilizar seus recursos.

No dia 12 de outubro de 2002 foi realizado o 1º Sociodrama Público e Simultâneo da América Latina (cujo conteúdo foi publicado pela Universidade Nacional Autônoma do México em 2004, após ser compilado por María Carmen Bello). Foi uma experiência fantástica, mas não teve continuidade. Por quê? Arrisco dizer que a proposta era ampla demais. Faltava um foco que dirigisse a atenção para um assunto determinado. Para dar voz ao silencioso, era preciso ter um tema claro. Caso contrário, em vez de um coro ouviríamos um barulho ensurdecedor. Espero que a ideia seja retomada, mas voltada para temas específicos, para assim direcionar a atenção do grupo.

Isso aconteceu no grupo de pais. Acabada a guerra, depois que os mais sortudos voltaram, o foco de convocação desapareceu. E o grupo perdeu sua força. Com certeza, no grupo de pais não solucionamos os problemas daquela guerra delirante, mas construímos um espaço saudável diante do caos e da insanidade.

Processamento

Marisa Nogueira Greeb

O inferno dos vivos não é algo que será; se existe, é aquele que já está aqui, o inferno no qual vivemos todos os dias, que formamos estando juntos. Existem duas maneiras de não sofrer. A primeira é fácil para a maioria das pessoas: aceitar o inferno e tornar-se parte deste até o ponto de deixar de percebê-lo. A segunda é arriscada e exige atenção e aprendizagem contínuas: tentar saber reconhecer quem e o que, no meio do inferno, não é inferno, e preservá-lo, e abrir espaço.

Calvino (1990, p. 149-50)

AO LER O TEXTO HISTÓRICO de meu amigo Bustos, mesmo já conhecendo o teor, a emoção me tomou de tal modo que precisei dar um tempo, um afastamento para poder continuar. Pediram-me um processamento, havendo a necessidade de um distanciamento para a busca da racionalidade ali contida. Mas a citação de Calvino se impôs a mim quando pensei no que ocorreu quando mães e pais reuniram-se naquele momento dramático e angustiante, e também na importância que um jornal que se faça livre num momento desses pode ter, favorecendo o encontro dos pais perdidos na angústia.

Voltei, então, para a experiência dos pais dos meninos soldados na Guerra das Malvinas. Que tortura! E pensar que inúmeras mães e pais encontram-se nessa situação hoje! E sem um grupo organizado de apoio para que possam compartilhar receios, dores, angústias, perdas e mais dores.

Sem a possibilidade do compartilhar, o grande problema é acreditar que podemos depositar a tarefa em alguém, transferir para outro o cuidado conosco. O ressentimento e a paranoia vêm desse ponto, porque as forças ativas e criativas dos cidadãos estão adormecidas. Mas surge o inusitado: o sociodrama já estava sendo configurado na angústia das mães e pais dos meninos guerreiros e o *setting* era a cidade, na qual surge um casal protagônico que, rompendo o silêncio do medo, os tira da angustiante paralisia e infernal impotência. O drama latente do grupo se fez presente pelo convite-apelo a outros pais de filhos convocados, que imediatamente responderam a chamada pelo jornal. Ao sentir os mesmos rancores, indignação, pânico, angústia, desalento, abandono, o grupo torna-se grupo, com todos os membros identificados pela virulência desses sentimentos.

O sociodrama, pergunta meu amigo, poderia dar conta dessas cenas? O método não, na impossibilidade da presença do não contaminado, papel a ser exercido por alguém que, naquele momento, estava envolvido com o seu próprio psicodrama. Ali estava acontecendo um sociodrama, o drama daquele grupo; sim, ele estava posto, mas em meio à impossibilidade da metodologia sociopsicodramática como a conhecemos: não havia um diretor de cena,

Sociodrama durante emergências sociais **91**

havia sim um líder tão imerso quanto qualquer um dos participantes em seu próprio drama. Ali, era necessário um guerreiro, mas o grupo pedia o herói àquele que liderava e, com o envolvimento nessa trama, só foi possível a presença do igual na dor, na vivência do mesmo drama. Não há método que resista a esse momento de estrangulamento. É um momento em que se inventa, faz-se o possível. Mas a posição protagônica estava presente e se fez liderança. O protagonista do primeiro momento encarna a problemática que o transcende e se vê livre para a realização do desejo intersubjetivo ali presente. Agora como líder, comporta-se como uma ponte que articula a força reprimida da angústia paralisante à ação possível para o momento. É o desejo que se faz ação. "Mutação do destino em história" (Pontalis, 2003). Vemos os envolvidos fortalecendo-se, tornando-se também guerreiros, e, sem o saberem, identificados com seus filhos pelo mesmo antagonista. É a luta que só o guerreiro sabe lutar, porque fica à espreita, não se lança ao heroísmo suicida. Foi o momento em que o grupo – buscando o herói e encontrando o companheiro que reconhecia a singularidade e a heterogeneidade do grupo e de suas possíveis articulações, e também sem o preconceito fechado em relação aos próprios militares – pôde avançar em direção a várias soluções possíveis.

Obviamente, havia ali uma contradição: o uso dos militares. Ditadores e colonizados, para recuperar seu heroísmo, lançam-se numa guerra suicida para a recuperação das ilhas Malvinas, isto é, um guerra contra os colonizadores, e transferem para os meninos guerreiros o seu desejo de conquista. Percebem o drama? O Estado, como máquina de controle do conjunto das relações sociais, corresponde a investimentos que a própria sociedade faz para se manter coesa, os quais acabam voltando-se contra ela mesma. A fixação no apolíneo e o afastamento da condição trágica sustentam os acontecimentos, transformando-os, criando aberturas ao devir e alterando a história já escrita, a história oficial.

A liberdade é sempre engajada na realidade que a solicita de um modo determinado; é a espontaneidade moreniana, como bem lembra Betty Millan (1976). A pergunta que meu amigo faz durante aquele sofrimento e, agora, na condição profissional de psicoterapeuta, quando deparamos com o mundo que construímos, me faz voltar aos fundamentos da construção do pensamento ocidental, e, não fosse o apoio da filosofia, eu não teria uma resposta para tão preocupante questionamento: "O que fazer?" Penso que jamais poderíamos permanecer como psicoterapeutas. A psique não existe fora do mundo, e cada sentimento e ação estão completamente prenhes do pensamento hegemônico que determina as ações de nossa sociedade. Sim, a nossa subjetividade é produzida, e hoje estamos sofrendo as agruras de nossa subjetividade capitalística, pautada na concepção de indivíduo descolada do coletivo. Moreno disse que se fosse nascer de novo, gostaria de voltar como grupo.

Ele mesmo viveu a multiplicidade, nunca esteve aprisionado em um mesmo modo de ser; caso contrário, jamais poderia ter deixado o legado que nos deixou, por meio de sua espontaneidade e criatividade. Não se subjugou, por isso mesmo não alcançou a glória dos respeitáveis doutores. Pena que naquela época ele não tenha lido Fernando Pessoa: "Eu e meus outros eus". Já nascemos grupo, mas a ideologia dominante que criou o indivíduo acaba nos capturando. É a presença constante do "panóptico": só realizamos o que imaginamos, o que o vigia permite. Igual perversidade foi a psicologia criar a "personalidade", isto é, aprisionar-nos num único modo de ser. E onde fica o espaço para a espontaneidade e criatividade moreniana? Não vamos confundir funções com papéis... E como ficamos nós, os psicoterapeutas? Surge novamente a pergunta de meu amigo.

Percebo e penso que, com a "aldeia global" – que se concretizou com a globalização econômica e, também, com a subversão do desenvolvimento das novas tecnologias –, as portas das clínicas estão desembaciando, e os psicoterapeutas vão necessariamente se tornar sociopsicoterapeutas ou psicossocioterapeutas, dependendo da porta de entrada do cliente ou paciente. A filosofia e a sociologia são fundamentais na formação dos psicoterapeutas, para que consigam ler e acompanhar as cartografias, sempre macro/micro, das cenas vividas e trazidas para o contexto de seus

Sociodrama durante emergências sociais **93**

consultórios e, principalmente, das que são apresentadas fora deles. Que outras cenas estão contidas em uma mesma cena trazida ao *setting* ou aos cenários das cidades e dos países? Ou não somos coautores desta sociedade que tanto desdenhamos? Não seria a função do psicossocioterapeuta o trabalho com a subjetividade produzida pelo sistema, criando condições para o surgimento de uma singularidade produtora?

Mas voltemos ao final da Guerra das Malvinas e suas consequências políticas. Desde essa batalha, nenhuma nação ousou disputar, com uma grande potência, uma possessão colonial. Desse ponto de vista, o conflito contribuiu não apenas para aumentar o grau de estabilidade internacional mas também para reforçar as políticas neocoloniais com intuito de modificar o *statu quo* por meios mais sutis.

A guerra piorou ainda mais a situação econômica argentina e significou um severo golpe para o moral do país, que levaria longo tempo para se recuperar. Leopoldo Galtieri caiu, teve de renunciar ao cargo de presidente argentino três dias após a derrota, sendo substituído por Alfredo Oscar Saint-Jean, que, por sua vez, foi suplantado duas semanas depois por Reynaldo Bignone. Porém, a Junta Militar estava ferida de morte. Um ano e meio depois, o último militar entregava o poder a Raúl Ricardo Alfonsín, primeiro presidente eleito democraticamente desde o golpe de Estado de 1976. A democratização da Argentina foi, talvez, a única consequência política positiva da Guerra das Malvinas. E os meninos guerreiros têm a ver com essa consequência!

Os protagonistas do outro grupo estavam ausentes; agora eram guerreiros já não tão meninos, voltando das Malvinas. Forjados na guerra, seriam a ponte que levaria o grupo de pais e mães para além do drama – o drama da dependência e do pensar na fragilidade – para a alegria do parto e do reconhecimento dos meninos/homens guerreiros, na dor e na alegria, nascendo ou morrendo, como homens e cidadãos, de acordo com os desígnios da vida...

Os sociopsicodramatistas comprometidos com a questão social, ao formarem uma rede internacional, poderiam, quem sabe, se empenhar mais na realização do sonho moreniano, segundo o qual nenhum processo terapêutico pode ter como meta final menos do que toda a humanidade. Mas isso apenas não basta; é necessário associar-se a grupos (como o Greenpeace) que realizem o que não sabemos, como nos lembra nosso amigo de tristes lembranças, mas fortalecido por elas.

Referências bibliográficas

BION, W. R. *Experiencias en grupos*. Buenos Aires: Paidós, 1963.

BUSTOS, D. *El otro frente de la guerra: los padres de las Malvinas*. Buenos Aires: Ramos Americana, 1982.

CALVINO, I. *As cidades invisíveis*. São Paulo: Companhia das Letras, 1990.

MILLAN, B. *O jogo do esconderijo*. São Paulo: Pioneira, 1976.

MORENO, Z. T. *The quintessential Zerka: writings by Zerka Toeman Moreno on psychodrama, sociometry and group psychotherapy*. Londres/Nova York: Routledge, 2006.

PONTALIS, J.-B. L. *En marge des jours*. Paris: Gallimard, 2003.

Capítulo 5

O grupo de ressonância

O sociodrama

Marlene Magnabosco Marra

A proposta e o contexto

De acordo com a proposta geral deste livro, os autores devem relatar uma experiência de direção de sociodrama que tenha sido importante na carreira profissional e que, de algum modo, lhe seja relevante. O sociodrama que escolhi para ser relatado não é um experimento inédito, mas se trata de uma experiência de vulto, na qual utilizo o recurso do "grupo de ressonância"; venho explorando esse recurso na aplicação do sociodrama com grandes grupos.

O método e a prática do sociodrama estão presentes na instituição em que trabalho (Centro de Psicodrama de Brasília). Foi nessa mesma instituição, que forma verdadeiros sociodramatistas, que me formei como psicodramatista. Uma prática vivenciada constantemente é o desenvolvimento de projetos sociais e da interação com a comunidade. Tenho trabalhado com o sociodrama ao longo da minha vida profissional, quer na comunidade, quer nos grupos terapêuticos, na sala de aula, no desenvolvimento de equipes e, agora, muitas vezes, em projetos de extensão ligados às universidades e ONGs. É uma atuação quase sempre destinada à capacitação de profissionais das áreas de saúde e educação.

No sociodrama, todas as ações são desenvolvidas no contexto do "como se" (Moreno, 1972), sustentado pela atemporalidade do simbólico e do imaginário. O grupo trabalha com o objetivo de conhecer e reconhecer a si e aos outros na situação, dar novos movimentos aos seus papéis, transformando-os nas ações em relação aos demais participantes. O sociodrama possibilita, por meio da ação conjunta, que os papéis dos participantes sejam adequados ao contexto, ao grupo e às situações.

O sociodrama em relato foi parte de um trabalho realizado no Laboratório de Família, Grupo e Comunidade da Universidade de Brasília (UnB), que realizava atividades integradas de ensino, pesquisa e extensão nas áreas de terapia conjugal e familiar, intervenção grupal e psicologia comunitária. Nossa tarefa era preparar a equipe de trabalho para que promovesse a atenção integral à saúde do adolescente em conflito com a lei do Distrito Federal. O projeto estava diretamente conectado ao Sistema Nacional de Atendimento Socioeducativo (Sinase), que compõe a política pública destinada à inclusão do adolescente em conflito com a lei, demandando iniciativas de diferentes campos das políticas públicas e sociais.

A capacitação destinou-se aos profissionais das áreas de saúde e educação que trabalham com medidas socioeducativas: advertência, obrigação de reparar o dano, prestação de serviço à comunidade, liberdade assistida, semiliberdade e internação. Pelo próprio conteúdo das medidas, as ações que as compõem devem sempre envolver o contexto social em que se insere o adolescente, isto é, a família, a comunidade e o poder público, com a finalidade de inclusão desse adolescente.

A demanda

Esse grande tema foi desmembrado da seguinte maneira:

1. Conhecimento e reconhecimento da equipe → relação do grupo com o tema.
2. Eu → aspectos pessoais da subjetividade do profissional em sua relação com o trabalho: desconstrução e reconstrução referentes ao adolescente.

3. A equipe → os aspectos potenciais da equipe e suas demandas. Integração e complementaridade, relação de cooperação no trabalho.
4. A instituição → as medidas socioeducativas e suas relações com a equipe e a rede de profissionais.

Os profissionais que trabalham com medidas socioeducativas devem proporcionar ao adolescente o acesso a direitos e oportunidades de superação de sua situação de exclusão, de ressignificação e formação de valores de participação na vida social. As medidas possuem duas dimensões: jurídico-sancionatória e ético-pedagógica, guardando o princípio da incompletude institucional; a inclusão do adolescente pressupõe sua participação em diferentes programas e serviços sociais e públicos.

Recursos

Gostaria de ressaltar a importância do "grupo de ressonância", recurso que venho utilizando para conseguir que todos os participantes saiam do sociodrama com a sensação de compartilhamento do vivido. A compreensão dos conceitos e atitudes, o consenso, a síntese e o fechamento do sociodrama são sentidos e organizados pelos participantes, representados pelo grupo de ressonância com base nos pontos de intersecção com os demais participantes.

Segundo Ferreira (1989), o termo "ressonância" significa "um fenômeno pelo qual um corpo sonoro vibra ao ser atingido por vibrações produzidas por outro corpo, quando o período delas coincide com o seu". Elkaim (1990), estudioso sistêmico, afirma que a ressonância nos possibilita alargar as fronteiras do entendimento dos processos vividos entre profissionais e as pessoas com as quais mantêm contato. As ressonâncias são constituídas por elementos semelhantes, comuns a diferentes sistemas de intersecção. Os pontos de intersecção são percebidos, desencadeando sentimentos e provocando emoções diversas nas pessoas de outros contextos de referência.

A vivência

O grupo de ressonância é sempre organizado na ação, enquanto se vive todo o processo, e conta com diferentes formatos ou critérios.

A vivência

Relato o sociodrama na sua qualidade e extensão, deixando o processamento para a segunda parte deste capítulo.

O sociodrama a ser apresentado, como parte de um trabalho mais amplo, foi uma estratégia de mudança de paradigma (conforme estipulado pelo princípio da pesquisa-ação), uma tentativa de questionamento, esclarecimento e desconstrução dos pressupostos já resistentes a respeito do adolescente.

O aquecimento do grupo ocorre desde o momento em que as pessoas chegam ao grande auditório. Ao mesmo tempo, há o aquecimento do diretor e dos egos-auxiliares, que o fazem enquanto conversam com as pessoas em pequenos grupos. O acolhimento do grupo, realizado pela equipe responsável pelo projeto, concretiza-se com o início dos trabalhos.

Segue-se uma pequena fala para nossa apresentação. Falamos de nosso trabalho e de como ele se constrói, enquanto se organiza o grupo.

Andando em diferentes direções, peço às pessoas que conversem umas com as outras, se cumprimentem e se apresentem, falando livremente com quem desejarem. É um pequeno tempo de confraternização que anima o grupo, permite boas risadas e promove expectativas.

Depois, todos caminham pelos espaços vazios; então, vamos mapeando o grupo: homens, mulheres, pessoas casadas e solteiras, com filhos pequenos e/ou adolescentes, o tempo de trabalho com as medidas socioeducativas e os diferentes locais onde estão situados profissionalmente.

Para introduzir o tema, o diretor diz palavras que, a princípio, parecem soltas, dando aos participantes e à unidade funcional a oportunidade de pensar e ouvir algo sobre o grupo do qual fazem parte. O diretor diz uma palavra e as pessoas desordenadamente vão falando outras, em um princípio de associação livre que nos permite perceber o nível de exigência e a compreensão, elementos primordiais para determinar seu reconhecimento e respeito em relação ao adolescente e à imagem que fazem de si mesmos como educadores.

Palavras ditas por nós: conversas, aprendizagem, vida, relacionamento, diversão, educador, conflito, instituição, lei, saúde, liberdade e adolescente.

O diretor anuncia o próximo passo, dá a conhecer o que acontecerá, fala da contradição ou unidades de contrário (Demo, 2000) – presentes em nossa vida –, pede que o grupo caminhe e que cada um encontre uma pessoa com quem se sinta confortável para vivenciar esses momentos de contradição. O grupo configura-se em duplas, que vão mudando a cada solicitação do diretor e vivenciando diferentes propostas, como: saúde/doença, paz/guerra, conflitos/medidas, construção/desconstrução, indivíduo/equipe, proteção/violência, vida/morte.

A última dupla permanece unida, buscando outra dupla, até formar um quarteto. Depois, o quarteto busca outro... Assim formamos subgrupos de dezesseis pessoas. Explico que essas dezesseis pessoas trabalharão juntas por um bom tempo, e que cada subgrupo então se tornará um grupo autônomo, com responsabilidades próprias, criando e construindo suas vivências, pensando e sentindo-as.

O espaço que temos para o trabalho é grande, e os subgrupos (que agora são grupos próprios) podem se espalhar de sorte que não sejam incomodados pelo barulho e pelas dinâmicas dos demais. Formam-se dez grupos de dezesseis pessoas.

A primeira consigna dada é que eles se apresentem e contem qual é o papel de cada um no seu grupo de trabalho, instituição. Mas não nos importa o papel social, como, por exemplo, agente de portaria. Todos são educadores. Devem, portanto, se apresentar e contar que papel eles têm no grupo de trabalho, ou seja, como a presença e a participação nessa capacitação os qualificarão e modificarão esse grupo.

Depois desse primeiro tempo, os integrantes de cada grupo têm a oportunidade de conversar livremente sobre como estão se sentindo ali e o que pensam e percebem sobre o que até agora vivenciaram, falaram e ouviram. Cada grupo faz uma síntese, pois, no momento em que seus integrantes se organizavam em subgrupos, foi pedido que cada um escolhesse um coordenador/relator.

Agora que cada grupo já se sente bem e aquecido, peço a eles que se dividam em dois subgrupos de oito pessoas: um subgrupo representará os adolescentes; o outro, os educadores. O fato curioso é que todos querem pertencer ao subgrupo de adolescentes; poucos desejam figurar como educadores. Peço que decidam e, depois, que cada subgrupo formado, já em seu papel, entre verdadeiramente nesse papel e converse sobre como cada integrante se coloca na relação educador/adolescente, como cada um se sente nesse contexto.

Depois, cada subgrupo deve se preparar para tirar uma foto que revele quem e como são. Essa imagem tem de conter todos os elementos discutidos.

Quando todos estão prontos para a foto, cada subgrupo deve ficar um de frente para o outro.

O diretor e os egos-auxiliares ajudam na organização dos subgrupos, para que os egos, realmente, fotografem essa relação de complementaridade, que é vista e percebida por eles. Peço que se vejam na imagem, percebam o que cada imagem quer dizer, quais os seus significados. Ainda trabalhando com a imagem, cada subgrupo diz ao outro o que vê e como se vê nessa relação, e como enxerga e percebe o papel complementar contido na imagem, na foto. Realizada a análise que se centra no papel, o grupo de dezesseis pessoas se reúne novamente para discutir e conversar sobre o que foi vivido.

Enquanto ocorre esse compartilhamento, os coordenadores/relatores de cada subgrupo se juntam em número de dez, formando um novo grupo, o "grupo de ressonância"; eles conversam e relatam o que aconteceu em seu subgrupo. Além disso, eles têm a tarefa de encontrar uma imagem ou cena que mostre, em síntese, o que foi discutido e vivido no seu subgrupo.

Esse subgrupo continua seu trabalho, enquanto os demais subgrupos se organizam como plateia, no sentido moreniano. Buscamos então, em meio a esse grande grupo, algumas músicas de seu repertório relacionadas ao que estão vivendo. O grupo sugere cantá-las e o coro formado pela plateia atinge seu ápice quando o grupo de ressonância já está pronto para vivenciar a cena-síntese.

O grupo de ressonância vive a cena e, depois, a revive, enquanto o diretor e os egos-auxiliares trabalham utilizando, então, todos os recursos metodológicos e técnicas advindos da teoria sociopsicodramática, com a finalidade de esclarecer, aproximar e distanciar conceitos e atitudes, ressignificando os olhares, apresentando situações, tentando dar aos papéis seu novo ou velho lugar como adolescente e como educador, atendendo à diretividade no processo socioeducativo com relação às medidas protetivas. Outra questão ainda se faz presente: a importância de trabalhar o respeito à singularidade do adolescente, condição necessária na ação educativa e na organização espacial e funcional das unidades de atendimento socioeducativo para que se garanta a possibilidade de desenvolvimento pessoal e social do adolescente.

Ao final, tanto os participantes que compõem o grupo de ressonância quanto a plateia batem palmas, emocionados pelo desenvolvimento dos protagonistas e pela capacidade e habilidade de vivenciarem exatamente as mesmas situações, emoções e percepções que eles haviam descrito e vivido anteriormente, em seus subgrupos de origem.

Assim, comprovamos que há ressonância quando um sistema oscilante recebe uma excitação com frequência igual a uma de suas frequências naturais.

Podemos considerar que o grupo de ressonância permite-nos ir além do conceito de sintoma. A ressonância como ponto comum a diferentes sistemas em inter-relação torna-se um instrumento de intervenção e amplia qualitativamente o campo.

Nesse sentido, a interação grupal possibilitada pelo sociodrama se mostra como porta de acesso aos contextos reais e simbólicos com base nos quais os participantes vivem suas histórias e desempenham seus papéis.

Processamento do sociodrama

Heloisa Junqueira Fleury

PARECE SER CONSENSO a constatação de uma revolução paradigmática das ciências como um todo. Hoje, é amplo o reconhecimento de que o conhecimento resulta do intercâmbio social e da interdependência, e não das individualidades. O pensamento pós-moderno requisita meios de conhecimento que explicitem a experiência conforme é vivida, com abertura para a singularidade dos participantes e para o produto da sua inter-relação.

A metodologia sociodramática tem sido reconhecida como facilitadora da integração e do desenvolvimento dos grupos sociais, auxiliando na identificação e potencialização dos recursos disponíveis, e na criação/recriação de significados com base nos referenciais dos participantes do grupo. Essa condição é particularmente importante no trabalho com populações com grande dissonância cultural.

O olhar voltado para o movimento protagônico do grupo amplia as possibilidades para a ressignificação dos vínculos existentes e aproximação dos interlocutores, o que torna o psicodrama um recurso didático importante na educação e nos contextos em que a explicitação dos conflitos promova a transformação e o desenvolvimento dos papéis nos grupos.

Fava (2001) reconhece que as noções de público e privado estão sempre presentes e em constante interação na obra moreniana. Relembra que Moreno identificou um limite no método psicodramático para a busca de fatos na resolução de conflitos interpessoais, levando-o a criar o sociodrama. Além disso, diferencia a transformação do social possibilitada pela metodologia psicodramática da conseguida pelo método sociodramático. Na primeira, o aquecimento do grupo leva o protagonista a explicitar, apoiado pelo grupo, o drama do social. Havendo a transformação do indivíduo e do grupo, torna-se possível a transformação do seu contexto social. Na metodologia sociodramática, o foco está no grupo, sendo os participantes representantes de uma mesma cultura. Aborda-se, assim, a problemática grupal. A autora ressalta o risco de redução do alcance da ação dramática transformadora quando as dimensões social e individual são confundidas.

As considerações da autora apoiam a noção de que a metodologia sociodramática propõe uma diretriz clara e precisa, que privilegia a existência coletiva do ser individual. Identificar os recursos disponíveis no grupo, nas sobreposições dos elementos coletivos do papel desempenhado pelos participantes, promove a organização, sustentação e encaminhamento de soluções práticas e possíveis, estando todos convidados a assumir uma responsabilidade compartilhada pela criação dos encaminhamentos.

Confundir o público e o privado pode trazer um viés clínico à direção de um sociodrama. Quando isso ocorre, por exemplo, ao focar-se a direção na sensibilização e/ou mobilização do grupo sem a devida problematização do fato de que o social e o individual estão se encontrando, mas não podem ser confundidos, a intervenção tende a ficar empobrecida.

A liberação da espontaneidade e criatividade caracteriza a ação dramática. Clarificar a especificidade de cada uma de suas aplicações potencializará suas possibilidades na construção solidária de um conhecimento importante para o conjunto dos participantes, com objetivos, limites e alcances específicos.

O sociodrama aplicado na capacitação de profissionais das áreas de saúde e educação tem sido um campo de pesquisa privilegiado no que diz respeito ao desenvolvimento social no Brasil.

Em meio a três eventos concomitantes ocorridos em Manaus, participei de um "grupo de ressonância" em sociodrama de encerramento, dirigido pela sociodramatista, grande amiga e parceira Marlene Marra: II Jornada Norte de Psiquiatria; II Seminário "Saúde Mental e o SUS no Estado do Amazonas"; e I Mostra Regional de Práticas em Psicologia e Psiquiatria.

Como docente no curso de formação em psicodrama nível I no Departamento de Psicodrama do Instituto Sedes Sapientiae (DPSedes), apresentei a várias turmas de alunos a síntese e o detalhamento de cada uma das propostas construídas pelo grupo na ocasião em questão, exemplificando um sociodrama com objetivo definido. Nesse sociodrama realizado em Manaus, o objetivo geral consistiu na elaboração conjunta da síntese das discussões, conclusões e encaminhamentos propostos durante o evento, possibilitando o estabelecimento das parcerias e redes necessárias para a reforma e implementação das ações articuladas na área da saúde mental no Amazonas.

As três propostas construídas foram:

1. Promoção de maior intercâmbio entre profissionais da saúde mental, visando à criação de novos espaços de discussão interdisciplinar.
2. Desenvolvimento de políticas públicas de valorização e reconhecimento dos profissionais de saúde mental.
3. Fortalecimento de programas voltados para a promoção da saúde e cidadania, visando à melhoria na formação de profissionais da saúde mental e ao melhor atendimento da população.

Essa síntese consistiu no resultado do sociodrama, ilustrando seu potencial e abrangência.

O sociodrama relatado

Neste capítulo, procuramos apresentar o como (relato do sociodrama) e o por que, relativo ao processamento que se segue. Procurei apontar os conceitos presentes na intervenção para formar um roteiro a ser aplicado na aprendizagem ou ensino do sociodrama.

O objetivo do sociodrama era a capacitação de uma equipe de trabalho das áreas de saúde e educação, responsável pela aplicação de medidas socioeducativas visando à promoção da atenção integral à saúde do adolescente em conflito com a lei.

Marlene inicia seu aquecimento pessoal e o dos dois egos-auxiliares favorecendo a ambientação e grupalização, com o reconhecimento do ambiente, a ocupação do espaço e a confraternização dos participantes. O objetivo dessa etapa da sessão é preparar o grupo para a cocriação por meio da ampliação do tema e da construção do contexto grupal.

Tomando como referência o princípio da evolução dos grupos ou lei sociogenética (Moreno, 1994), o início do processo grupal envolve: autopercepção, percepção do outro (contexto) e percepção da situação (objetivo proposto ao grupo). Trata-se da operacionalização da filosofia do momento proposta por Moreno (1972), com a criação do lócus e da matriz, inicialmente focando a identificação do conceito pessoal sobre o tema e, em seguida, a sintonia do grupo em relação ao tema proposto, ativando, assim, o *status nascendi* da experiência.

Moreno (2008) examina o universo social segundo três dimensões: a sociedade externa (grupamentos tangíveis e visíveis), a matriz sociométrica (estruturas sociométricas invisíveis) e a realidade social (síntese dinâmica e interpenetração das duas anteriores).

Para reconhecer a matriz sociométrica desses grupamentos de educadores, Marlene propõe recortes identitários (Knobel, 2006): sexo, estado civil, filhos (crianças e/ou adolescentes), tempo de trabalho com medidas socioeducativas, locais de atuação profissional.

Em seguida, introduz o tema por meio do princípio da associação livre. Na psicanálise, esse método consiste em pedir ao paciente que diga tudo que lhe vem à mente, para que, nesse processo, memórias e emoções possam emergir. No sociodrama em pauta, a diretora diz uma palavra e o grupo deixa que outras fluam, numa construção coletiva de palavras que indicam o momento do grupo e sugerem níveis de exigência e a capacidade para compreender, condições importantes na relação educador-adolescente.

Essa identificação inicial da matriz sociométrica do grupo favorece o início do processo grupal, que evoluiu em três etapas: mobilização, participação e organização (Marra, 2009).

Na etapa da mobilização, os participantes formam pares para vivenciar uma aproximação afetiva ao tema "momentos de contradição". As dificuldades e expectativas individuais – ou seja, a subjetividade de cada participante – vão construindo, na troca de pares, a relação do grupo com o tema.

Quando os subgrupos são formados, com a realidade externa já modificada, temos todos como corresponsáveis pela produção que se seguirá. São transformados pela diretora em grupos de educadores autônomos.

Segue-se a etapa da participação, cujo objetivo é a integração de conteúdos cognitivos, emocionais e psicossociais, trazidos pelo histórico sociocultural de cada participante.

O compartilhar das experiências corrobora o sentimento de pertencimento, constituindo-se esse grupo, que se fortalece para pesquisar a relação educador-adolescente.

A preferência pelo papel de adolescente sinaliza os conflitos no papel de educador. De acordo com a lei sociogenética, nesse momento o grupo expressa a evolução da etapa da diferenciação horizontal para a diferenciação vertical, quando os conflitos podem emergir.

O relator de cada subgrupo apresentará o *status nascendi* da experiência, refletindo a realidade social, que é expressa na imagem construída referente à relação educador-adolescente. Os participantes de cada grupo são convidados a conhecer e apreender a complementaridade dessa inter-relação.

A etapa da organização inicia-se quando o grande grupo se divide: os relatores de cada subgrupo constituem o grupo de ressonância, e os demais compartilham nos subgrupos a experiência vivida, aquecendo-se para o papel de plateia.

Moreno (1972) ressalta como um dos aspectos essenciais do sociodrama o aquecimento preparatório dos participantes para se tornarem observadores participantes, envolvidos no desenvolvimento da sessão.

A tarefa proposta ao grupo de ressonância é a construção de uma imagem-síntese da experiência anterior, cujo objetivo é a revisão do referencial do grupo no que concerne ao tema. A ressonância trará os pontos de intersecção, desencadeando sentimentos de pertencimento.

Moreno (1993) observou que a experiência compartilhada pelos participantes nos grupos provoca o desenvolvimento de vivências comuns inconscientes e interligadas, que chamou de "estados coconscientes e coinconscientes". A integração das experiências na imagem criada pelo grupo de ressonância expressa o coinconsciente grupal.

Enquanto o grupo de ressonância se prepara, Marlene promove o aquecimento da plateia. Trata-se de um dos cinco instrumentos para a prática psicodramática descritos por Moreno (2008), podendo desempenhar a função de caixa de ressonância do social.

Com a plateia aquecida, inicia-se o manejo da cena (imagem-síntese). Todos os recursos metodológicos são empregados visando ao reconhecimento de conteúdos do coinconsciente grupal e permitindo sua elaboração; esses conteúdos são expressos com a operacionalização dos recursos disponíveis, das potências e competências do grupo, criando as condições necessárias para uma atuação profissional que promova o desenvolvimento pessoal e social do adolescente.

O resultado é a concretização dos papéis revisitados de adolescente e de educador. Quando Marlene afirma que o grupo de ressonância permite-nos ir além do conceito de sintoma, por a ressonância constituir-se em ponto comum aos diferentes sistemas em inter-relação, ela confirma ser esse dispositivo também um facilitador da coesão grupal.

O sentimento, por parte do participante, de estar representado na multiplicidade de situações, emoções e percepções vivenciadas ao longo do sociodrama unifica o grupo e garante a sustentação dos encaminhamentos futuros.

Ratifica-se, desse modo, que o sociodrama, compreendido como uma intervenção socioeducativa ou socioterapêutica, promoveu o desenvolvimento dos participantes no grupo, pela explicitação de elementos identitários comuns dispersos entre todos e pela vivência do processo de ação-reflexão-ação (Marra, 2004).

Identificamos nesse sociodrama o alcance social do sociodrama como metodologia de aprendizagem. Todos se transformam em observadores participantes na coconstrução da matriz sociométrica, auxiliados pela ambientação e grupalização. As etapas de mobilização, participação e organização favorecem o sentimento de pertencimento e o fortalecimento do grupo, tornando seus integrantes corresponsáveis pelo resultado.

O grupo de ressonância cria o resultado-síntese, representando a elaboração pelo grupo coeso dos conteúdos das cenas, com a ampliação dos referenciais cognitivos, emocionais e comportamentais relativos ao conceito grupal sobre o tema.

Todas essas técnicas são reconhecidas por Moreno, e podem ser aplicadas tanto na intervenção grupal como no ensino do sociodrama.

Referências bibliográficas

DEMO, P. *Conhecer e aprender: sabedoria dos limites e desafios*. Porto Alegre: Artes Médicas, 2000.

ELKAIM, M. *Se você me ama, não me ame: abordagem sistêmica em psicoterapia familiar e conjugal*. Campinas: Papirus, 1990.

FAVA, S. R. "O público e o privado". In: COSTA, R. P. (org.). *Um homem à frente de seu tempo: o psicodrama de Moreno no século XXI*. São Paulo: Ágora, 2001, p. 167-70.

FERREIRA, A. B. de H. *Novo dicionário Aurélio da língua portuguesa*. Rio de Janeiro: Nova Fronteira, 1989.

KNOBEL, A. M. "Grandes grupos: história, teoria e práticas psicodramáticas". In: FLEURY, H. J.; MARRA, M. M. (orgs.). *Práticas grupais contemporâneas*. 1 ed. São Paulo: Ágora, 2006. p. 213-233.

MARRA, M. M. "*Aspectos socioeducativos da clínica de família*". In: MARRA, M. M.; Costa, L. F. (orgs.). *Temas da clínica do adolescente e da família*. São Paulo: Ágora, 2010.

_____. *O agente social que transforma: o sociodrama na organização de grupos*. São Paulo: Ágora, 2004.

MORENO, J. L. *Psicodrama*. São Paulo: Cultrix, 1972.

_____. *Psicoterapia de grupo e psicodrama*. 2. ed. rev. Campinas: Psy, 1993.

_____. *Quem sobreviverá? Fundamentos da sociometria, da psicoterapia de grupo e do sociodrama*. São Paulo: Daimon – Centro de Estudos do Relacionamento, 2008 (edição do estudante).

_____. *Quem sobreviverá? Fundamentos da sociometria, psicoterapia de grupo e sociodrama*. Goiânia: Dimensão, 1994, v. 2.

Capítulo 6

17 de abril de 1984: de lá para cá, muita água rolou!

Descrição do sociodrama

Regina Fourneaut Monteiro

INSPIRADA EM MORENO, que no dia 1º de abril de 1921 realizou um psicodrama público em Viena em plena crise política, inicio meu percurso de trabalho com grandes grupos no dia 17 de abril de 1984, na Câmara Municipal de São Paulo. Acompanhada de colegas também psicodramatistas, divido com Ronaldo Pamplona a direção do trabalho que na época chamamos "Psicodrama das Diretas-Já!". O título escolhido é alusivo à emenda constitucional do então deputado federal Dante de Oliveira, a qual seria votada no Congresso Nacional para que o país pudesse retornar ao regime democrático, pois vivíamos sob uma ditadura militar havia vinte anos. Compareceram cerca de seiscentos cidadãos.

A maior dificuldade que encontrei para dirigir esse trabalho foi a falta que sentia, na época, de um modelo no qual pudesse me basear e, assim, desenvolver meu papel de direção de grandes grupos. Havia até então participado de alguns psicodramas públicos, dirigidos por Jaime Rojas-Bermúdez, ou de sociodramas dirigidos por colegas em congressos ou em instituições, mas não de sociodramas públicos tematizados e com grandes grupos. Faltava-me, portanto, um referencial teórico e prático mais consistente. Como acredito que a melhor maneira de aprender psicodrama é praticando-o, enchi-me de coragem e lá fui eu!

110 Regina Fourneaut Monteiro e Terezinha Tomé Baptista

Comecei, então, a realizar outros sociodramas, a maioria, a convite da Secretaria Municipal da Saúde de São Paulo e alguns por iniciativa própria, em diversas instituições. Até o primeiro quadrimestre de 2010, cerca de sessenta trabalhos foram realizados, todos em grandes auditórios ou em praças e ruas de São Paulo.

Sem dúvida, o mais relevante de todos – e que mais me emocionou – foi o trabalho que aconteceu em 18 de maio de 1990 na praça da Sé, em São Paulo, com um palco montado em frente à escadaria da Catedral Metropolitana, a convite da Secretaria Municipal da Saúde; o tema era "A luta antimanicomial". Fui acompanhada pelos colegas Ronaldo Pamplona, Carlos Borba, Irene Estefania e Vânia Crelier. Todo o sociodrama foi gravado em vídeo pelo Carlos, mas infelizmente a gravação foi perdida e por esse motivo não relatarei aqui o que aconteceu. Guardo alguns momentos em minha memória, mas são insuficientes para uma descrição mais detalhada. Narrarei apenas alguns trechos. A escadaria cheia de pessoas sentadas e a Irene, como ego-auxiliar, saindo do meio da multidão no papel de uma psicótica, fugindo da mãe (papel desempenhado pela Vânia) para não ser internada. Foi assim o início. Várias cenas se seguiram, com a participação ativa dos presentes, e no fim a internação não aconteceu. A decisão foi do público presente.

O momento mais marcante, que mais me emocionou (o sociodrama está descrito em artigo publicado na *Revista Brasileira de Psicodrama*[1]), foi o final: enquanto estávamos compartilhando o que havíamos construído dramaticamente, uma grande fila de homens e mulheres que queriam contar suas difíceis experiências em manicômios se formou diante do microfone. Também estavam na fila aqueles que tinham depoimentos felizes, que foram acolhidos pelas famílias e não chegaram a ser internados. Às dezoito horas, fomos interrompidos pelas vigorosas badaladas dos sinos da Catedral, que anunciavam a ave-maria.

Relatarei, agora, o sociodrama realizado no dia 18 de maio de 1999. Vale lembrar que 18 de maio é o Dia Nacional da Luta Antimanicomial. O tema foi "A saúde mental em tempos de desempre-

---

1. Veja os detalhes em Monteiro (2004).

go". Aconteceu na praça Ramos de Azevedo, em frente à escadaria do Teatro Municipal de São Paulo. Estiveram comigo nesse trabalho os psicodramatistas Vânia Crelier, Irene Estefania, Valter Luis Ferreira Assunção e Marbel Saad. O início do sociodrama estava marcado para as dez horas. Sempre realizo esse tipo de trabalho à luz do dia. Cheguei bem mais cedo e, enquanto aguardava o pessoal da minha equipe, fui passear pelo chamado "centrão", por onde não andava havia alguns meses.

Quando criança, morava na Liberdade, bairro próximo, e ia com frequência passear no centro: fazia compras, ia aos cinemas das imediações. Guardo uma lembrança muito boa dessa época: muitas pessoas, muita cor, movimento, grandes magazines... Entretanto, naquele momento, tudo estava muito diferente. Várias lojas haviam desaparecido, fecharam, não para dar lugar ao progresso, mas ao vazio! Tudo parecia sem cor, em branco e preto. Só o céu era azul. Nos poucos bares que ainda permaneciam abertos, havia placas com anúncios como: "Café expresso e pão de queijo: 1 real". Vários homens se aglomeravam em torno de "homens-sanduíche", aqueles senhores que oferecem seu corpo para que placas com anúncios de emprego nele sejam penduradas. Isso é muito triste de se ver, mas pelo menos eles estão empregados. Pensando assim, senti-me mais consolada. O Mappin, uma grande loja de departamentos, também já não era mais o mesmo. Essa loja vivia cheia de gente, com os elevadores lotados, mas agora apresentava pouquíssimo movimento. O país atravessava um momento difícil: muitas pessoas sem dinheiro e desempregadas. Não foi uma decadência só do centro da cidade, como poderíamos pensar; estávamos em plena crise econômica, o que justifica a escolha do tema para o trabalho.

Voltei à escadaria e algumas pessoas sentadas nos degraus pareciam esperar. Esperar... Seus olhos eram vazios! Um homem que dormia com um velho cobertor desaparecera. Enfim, inicio o aquecimento fazendo uma "chamada" pelo microfone: "Dentro de alguns minutos, vamos começar uma peça de teatro e todos vocês poderão participar; vamos construir juntos uma história e fazer a sua encenação; o tema será o desemprego". Algumas pessoas começam a se aproximar, sentam-se nos degraus da escadaria ou ficam próximas, em pé. Insisto mais algumas vezes na "chamada"; filipetas são também distribuídas e cartazes circulam anunciando o evento.

Uma das maiores dificuldades para realizar um trabalho na rua reside no fato de que as pessoas estão circulando e precisamos fazê-las parar, chamar a sua atenção. Outro recurso que também considero eficaz é iniciar com uma cena dramatizada pelos egos-auxiliares. Foi o que fiz em seguida. José começa a cena conversando com Maria e Marli, respectivamente, sua esposa e filha de 7 anos. Não tínhamos um palco; os egos posicionam-se nos primeiros degraus, para que todos possam ver a cena. Os três conversam animadamente. José está se despedindo da família para ir ao trabalho. É importante que o público seja convidado durante todo o tempo a participar: "Onde ele trabalha? Qual é o seu trabalho? Como ele vai ao trabalho?" Respondem, então, que José trabalha em uma loja como vendedor e que vai para lá de ônibus. Mulher e filha saem.

Dramatiza-se a cena proposta e José chega à loja. Agora, peço a participação do público, para que algumas pessoas representem os colegas de trabalho de José (os demais vendedores) e outra fique no papel do patrão, ao qual foi sugerido a denominação de sr. Aristides. Passado algum tempo, proponho uma inversão de papéis, e o ego- auxiliar, que até então era o José, passa a ser o chefe (sr. Aristides); o participante do público que era o chefe passa a ser o José. A dramatização continua; José demonstra ser um bom empregado – esforça-se bastante, atende bem os fregueses –, mas diz, quando solicito um solilóquio, que está com medo de perder o emprego! Na vida real, ele está desempregado. O público que assiste às cenas está atento: alguns riem; alguns passam, olham e vão embora; outros cochicham entre si... É importante que alguns egos-auxiliares se misturem aos presentes, para que possam levar à direção o que percebem desse ângulo, falando no papel de plateia: "Não estamos escutando! O que está acontecendo? Não deu para entender. Está muito chato". Criei um recurso que chamo de "placas". São cartolinas brancas onde podemos, em determinados momentos, escrever algumas frases, tais como: "José está preocupado, está com medo de perder o emprego". Isso ajuda no entendimento da cena. Podemos, ainda, escrever frases que retratem o duplo da plateia. Um ego poderá ficar encarregado dessa função.

Continuando o relato: proponho nova inversão de papéis entre José e sr. Aristides. Uma volta aos papéis originais. O participante torna-se agora novamente o chefe. Pergunto ao público o que vai acontecer, como a história deve seguir. Como não surge nenhuma proposta mais concreta, opto por deixar a cena se desenvolver mais um pouco.

Alguns colegas de trabalho (todos pessoas do público) conversam com José, preocupados com o desemprego, e vão depois falar com o chefe, que diz que as coisas não vão nada bem, as vendas estão baixas, e se os negócios não melhorarem... Uma nova troca de papéis é realizada entre José e o chefe. Passado mais algum tempo, o chefe chama os funcionários e diz que pretende fechar o negócio dentro de alguns dias. Todos vão para casa. José encontra a mulher e a filha. Temos agora uma cena sem a participação dos egos, os três personagens tinham vindo da plateia. José conta à família que ficará desempregado. Todos permanecem parados.

"Placas" mostram frases com o duplo da plateia: "E agora? Estamos com medo! Como vamos pagar as contas e comprar alimento?" Com a técnica de projeção para o futuro, na cena seguinte passamos para o fim do mês e para a cena seguinte: José está no trabalho, junto com os demais colegas, e então o sr. Aristides, com um ego-auxiliar nesse papel, chama todos para uma conversa. Solicita-se ao público que dê uma continuidade à história; a maioria está quieta. Uma placa diz: "Estamos com medo de dizer o que estamos pensando..." A dramatização segue: todos são dispensados do trabalho e partem já desempregados. Vão a um bar. José, agora representado por um ego-auxiliar, está bastante nervoso; bebe com os companheiros e não tem ânimo para voltar para casa e ver sua família.

O público vê a dor de José e sofre com ele, ou como ele. Um ego-auxiliar no papel de Maria, sua mulher, vai buscá-lo e o leva para casa, onde está a filha, representada por outro ego-auxiliar.

Conversam, mas estão todos muito tristes, deprimidos. Pergunto como podemos terminar a nossa história. Nesse momento, uma mulher do público diz, referindo-se a Maria: "Ela pode trabalhar, ela pode fazer doces e depois ele vende; foi assim que eu fiz e deu certo! Não adianta ficarem parados!" Todos ouvem atentos e surgem falas de esperança. A sugestão é aceita. Uma placa diz: "Às vezes, juntos podemos encontrar soluções para situações que sozinhos não conseguimos resolver!"

Já nos dizia Moreno (*apud* Cuschnir, 1997, p. 47) que "um só indivíduo não tem autoridade a não ser que se torne a voz de um grupo. A nova palavra deve surgir do grupo e esta surge do amor, do compartilhamento e da fé nas intenções de nosso semelhante".

No sociodrama em relato, passamos para a etapa do compartilhamento de nossos sentimentos e emoções com base no que vivemos ao construir as cenas. Pessoas fazem fila no microfone e dizem: "É muito difícil ficar desempregado"; "Foi bom ter participado"; "Já aconteceu comigo também"; "Ainda não consegui emprego"; "Também estou sem trabalho"; "Abandonei a família"; "Sou morador de rua"; "Tenho vergonha"; "Consegui um bico"; "Minha mulher me ajuda"; "Às vezes, dá vontade de desistir"; "Nesses momentos, a família precisa se unir". Alguns se aproximam para fazer discursos religiosos; outros, alcoolizados, tentam tirar o microfone da mão da direção; outros ainda, muito comprometidos emocionalmente, falam coisas sem nexo.

Assim, encerra-se o trabalho.

Ao ler o relato, pode parecer fácil e tranquilo dirigir um sociodrama na rua, mas, na verdade, não é! Contamos, no seu decorrer, com muitas dificuldades: o barulho dos carros, a polícia passando ou ambulâncias com suas sirenes frenéticas (além disso, precisamos de uma licença da prefeitura para realizar o trabalho). Ocorrem cenas paralelas, pessoas invadem a dramatização e tentam falar ao microfone... Enfim, são situações que exigem que o grupo de profissionais – egos e diretor – esteja preparado para lidar com o novo, no limite da sua espontaneidade!

Afinal, loucos ou não, somos todos cidadãos.

17 de abril de 1984   **115**

Das técnicas que nos são oferecidas, as que mais utilizo são: o solilóquio, a inversão de papéis, o duplo, o congelamento de cena, a projeção para o futuro, o eco e o que chamei de "placas".

Gostaria agora de fazer mais algumas considerações.

É oportuno realizar um sociodrama quando nos propomos unir a comunidade para esclarecer, informar, lutar pela mudança diante de uma crise. Ele possui um forte potencial transformador. Pode ser útil às pessoas para que reflitam e, juntas, encontrem novos caminhos. Ressalta Moreno (1965, p. 161) que "o sociodrama abre novos caminhos à análise e tratamento dos problemas sociais. Poderá atingir grupos numerosos de pessoas em que haja conflitos e tensões e alcançar uma catarse coletiva". É o modo de atuação do psicodramatista que o leva a ampliar, estender e explorar os horizontes psicodramáticos: ir à comunidade e não esperar que ela venha até nós, numa proposta de reencontro com as raízes do psicodrama e com seu criador.

Moreno nos faz esse convite no filme *Psychodrama, group psychotherapy in action*, ao dirigir um trabalho no Hospital Estadual de Calvaredo, com pacientes internados. Pensar coletivamente muitas vezes nos leva a encontrar soluções que somos incapazes de encontrar sozinhos. As camadas sociais menos favorecidas poderão ser, assim, mais facilmente atingidas. Temas como violência, desemprego, cidadania, drogas, homofobia etc. poderão ser abordados.

Não é possível desenvolver excluindo!

Grande parte da população brasileira é composta de excluídos. Podemos fazer do exercício da profissão um espaço para o desenvolvimento de um compromisso com a sociedade da qual fazemos parte. Desse modo, estaremos ajudando na transformação das condições de vida de nossa população. Assumir um compromisso social, engajar-se nas causas sociais dos excluídos, dos marginalizados, pela construção de uma sociedade mais justa e com oportunidade para todos, é comprometer-se com a melhoria da qualidade de vida em nosso país, com um futuro melhor. É preciso conservar o sentido de dignidade humana. A humilhação social faz o indiví-

116 Regina Fourneaut Monteiro e Terezinha Tomé Baptista

duo acreditar que não possui direitos. Investindo no resgate desses direitos, estaremos caminhando rumo à construção de uma verdadeira democracia.

De acordo com Moreno (1965, p. 95):

> O enfoque grupal no psicodrama refere-se aos problemas privados, por maior que seja o número de participantes. Entretanto, quando enxergamos os indivíduos como representantes coletivos de papéis da comunidade e de relações de papéis, não levamos em conta seus papéis privados e suas relações. Aí o psicodrama passa a ser um sociopsicodrama, ou, abreviando, um sociodrama.

Portanto, segundo o autor, o sociodrama dramatiza o acontecimento coletivo na sua dimensão mais ampla.

Hoje vejo, com muita alegria, tanto nos congressos de psicodrama como no dia a dia dos psicodramatistas, que há uma preocupação maior com as intervenções realizadas em comunidades.

Acredito ter colaborado para que essa mobilização fosse alcançada e se incorporasse a nossa rotina de trabalho.

Pois é, de 17 de abril de 1984 até hoje, muita água rolou!

Processamento

Terezinha Tomé Baptista

A AUTORA, PIONEIRA EM TRABALHOS com grandes grupos, faz o relato de uma dessas suas muitas e competentes intervenções. O grupo, definido aqui como "uma situação da vida coletiva, que abrange relações inter-humanas" (Pagès, 1976, p. 15), sempre significa desafios e complexidades, e a exposição apresentada sugere uma categorização. O sociodrama pode acontecer de diferentes modos e em diferentes versões: a) com grupos processuais fechados; b) com grupos processuais abertos; c) com grupos fechados em ato (encontro único) dentro de um espaço físico delimitado ou fechado; d) com grupos fechados em ato em espaço aberto; e) com grupos abertos em ato em espaço fechado; f) com grupos abertos em ato em espaço aberto. Os itens citados aparecem em ordem crescente em relação à dificuldade no manejo grupal.

Para o caso de grupos processuais, a coesão grupal que se desenvolve ao longo dos encontros minimiza a importância do espaço (se aberto ou fechado), ainda que seja razoável considerar que o espaço fechado é facilitador se comparado ao aberto. Para os grupos que vivenciam um encontro só, a dificuldade para o diretor ou equipe de trabalho é muito maior, e a probabilidade de intercorrências e variáveis imprevisíveis, que exigirão manejo criativo e competente, aumenta na proporção do tamanho do grupo e do espaço onde este estiver sendo atendido.

O relato de nossa autora apresenta um grupo que se encontra na versão mais complexa, pois se trata de um grupo aberto tanto em sua composição – já que permite a entrada e saída dos seus componentes a qualquer momento, incluindo tempos mínimos de presença –, quanto no espaço onde se encontrou, totalmente livre de limitações físicas ou espaciais. Espaços físicos fechados facilitam a sensação de contenção e de unidade, mas a condição oposta pode criar clima denso e nebuloso para a equipe de trabalho. Além disso, pode-se deparar com um público que apresente dificuldades de concentração e de compreensão/aceitação da proposta de trabalho, o que implicará a necessidade de investimento maciço e experiente para promoção do aquecimento grupal. No caso em questão, a relatora/diretora deparou com a presença de representantes de variados estratos sociais, incluindo pessoas que vivem à margem da sociedade, que frequentemente têm padrões de comportamento e de comunicação bastante próprios, nem sempre de fácil manejo.

Mas essas condições caracterizam o genuíno psicodrama, no qual "junto à quotidianidade e à problemática da vida, cabem as marginalidades da existência, não menos humanas" (Martin, 1996, p. 20). Esse autor lembra as palavras de Moreno: "A filosofia psicodramática [...] [proporciona] às forças criativas [...] um ajuste positivo e um ponto de ancoragem, [...] [proporciona] a todas as formas subjetivas da existência [...] um lugar em que se possam realizar e, casualmente, transformar-se, ao abrigo das restrições da cultura dominante" (p. 20).

A adesão das pessoas a eventos como esse não é resultado de algum aquecimento prévio – como quem é convidado para uma festa e a ela comparece por livre escolha depois de analisar o convite. Elas foram atraídas ao evento quando estavam de passagem; era fortuita sua presença ali; as pessoas caminhavam na direção de interesses, necessidades ou cobranças imperiosas de sua vida e se encontravam ali, naquele momento, por mera casualidade. Haverá recorte social mais genuíno que esse? Aqui já se prenunciava o investimento que a unidade funcional teria de empreender para aquecer essa potencial plateia e mobilizá-la para que participasse. Foi um grupo que se pôde apreciar em verdadeiro *status nascendi*, num autêntico aqui e agora – não havia nenhum aquecimento ou intencionalidade prévia, o que poderia implicar alguma tendenciosidade –, e a decisão de participar ou não aconteceu *naquele* momento, com o contato com a equipe diretora. A adesão observada sugere a eficácia das estratégias propostas para o aquecimento inicial. Configurou-se, então, uma intervenção autenticamente moreniana, já que, segundo Martin (1996, p. 17), a prática de Moreno "busca surpreender as coisas no momento privilegiado do nascer, do seu começar, do engendrar-se, antes que o pensamento, a palavra ou a cultura as fossilizem e as transformem numa lembrança histórica e vazia, numa conserva".

O encontro relatado reúne várias condições desafiadoras, pois, para além das já consideradas, ocorreu no centro de uma megalópole. A própria relatora informa sobre as dificuldades de ordem prática (o barulho dos carros, ambulâncias, buzinas, cenas paralelas) e destaca a falta de modelos prévios, o que assusta pelos riscos que o ineditismo pode apenas prenunciar e exige a concorrência da criatividade. Mas a autora, imensamente conhecida por sua habilidade com grandes grupos, aqui nos oferece *um* modelo – modelo eficaz, a julgar pelo que constatamos em seu relato. No entanto, é possível prever que, ainda assim, para grupos desse tipo (totalmente abertos, incluindo o espaço onde são atendidos), qualquer modelo pode ser insuficiente para oferecer segurança e garantir controle sobre as ações e desdobramentos grupais.

Para esses casos, os diretores e suas equipes sempre terão de contar com doses de competência, ousadia, coragem e confiança nos métodos e técnicas do psicodrama, bem como na força do grupo e na noção de homem proposta por Moreno, que traz entre suas características constitutivas a força da tele; essa força lhe assegura a capacidade para o desenvolvimento ou aprimoramento das relações humanas e a potência da espontaneidade que o instrumenta para o enfrentamento das novidades da vida. É interessante considerar que, quando o indivíduo depara com um sociodrama aberto, em praça pública, no centro da cidade de São Paulo, esses dois fatores, garantem a ele, no calor da surpresa do convite inusitado, condições para livre escolha e participação.

Esse relato desperta vários outros pontos de reflexão: a importância vital de egos-auxiliares num trabalho com grupos grandes; a utilização/adaptação das técnicas psicodramáticas tradicionais e a criação de novas; a dificuldade de diferenciação das etapas durante um trabalho como esse; as especificidades da etapa de aquecimento; a comunicação entre equipe diretora e público, por vezes disperso, e tantos outros. Na impossibilidade de explorar todos eles, a fase de compartilhamento será privilegiada para algumas rápidas considerações. No trabalho em questão, esse fenômeno começou ainda na fase de dramatização, e demonstra o envolvimento massivo do grupo. Tal ocorrência é bem exemplificada pela representante da plateia, ativa participante na criação da história representada no palco, que sugere aos personagens: "Ela pode trabalhar, ela pode fazer doces e depois ele vende"; e sem nenhum distanciamento interno, complementa: "Foi assim que *eu* fiz e deu certo!" Nesse momento, sem distinção entre sua realidade e o "como se", essa pessoa "se mistura" e se transforma na identificação com um *outro* (Pichon-Rivière, 1988, p. 80), ainda que esse *outro* seja um personagem. Aqui fica ilustrado, com maestria, um formato psicodramático de compartilhamento.

Vale salientar que a fase de compartilhamento é o *grande momento* de um trabalho psicodramático, quando se dá o cruzamento entre o particular e o universal. Essa etapa é um dos produtos mais importantes de trabalhos grupais e também fruto de autorreflexões. Nesse momento, os participantes realizam operação cognitiva importante para estabelecer nexos entre as representações dramáticas e as situações de sua vida diária, e saem de seu mundo privado para adotar uma postura interacional, o que sugere a ideia de que eles se sentem aceitos e pertencentes àquele grupo, valorizando seus depoimentos. É o momento em que explicitam suas representações do que aconteceu até ali e exteriorizam a repercussão que o trabalho provocou dentro de si.

Configura-se aí certo trânsito entre o que é privado e o que é público, entre o que é pessoal e o que é interpessoal, e a vida social se amplia. O senso coletivo e as individualidades se entrecruzam, as consciências se fortalecem e – o que é bastante frequente – os participantes se sentem aliviados, revigorados e mais interativos. Ao se perceber ouvido e identificar interlocutores, o ser humano sente-se reconhecido, validado e valorizado. Pichon-Rivière (1988, p. 78) já constatava que "quando o implícito se torna explícito, reduz-se uma grande margem de desadaptação social".

Na primeira intervenção destacada (em relato bastante sucinto), a autora salienta que, na etapa do compartilhamento, "uma grande fila de homens e mulheres que queriam contar suas difíceis experiências em manicômios se formou diante do microfone"; e, na segunda intervenção, ela diz: "Pessoas fazem fila no microfone [...]". O dado quantitativo aqui denota o alcance da repercussão que produziu o trabalho até ali realizado. A leitura do relato desperta a impressão de que a temática dramatizada foi vista pelo público como sendo mesmo um recorte de sua realidade, o que logo teria produzido envolvimento com a dramatização e fertilizado o campo para a solidariedade e disponibilidade para os depoimentos compartilhados.

Uma das características de um grupo que se encontra poucas vezes, ou apenas uma única vez, é a efemeridade. Essa condição favorece um clima tolerante entre os participantes. A intolerância, a aversão e a hostilidade são ocorrências típicas de relações duradouras. Há, então, certa "vantagem" nessa condição de efemeridade, que facilita a aceitação das diversidades e diferenças intragrupais e contribui para a formação da continência grupal, assegurando campo favorável à experimentação do verdadeiro espírito coletivo.

Temos, assim, o indivíduo se expressando para fora; dirigindo-se aos demais ("É muito difícil ficar desempregado"; "Abandonei a família"; "Sou morador de rua"); socializando o que vive ("Já aconteceu comigo também"; "Também estou sem trabalho"), o que sente ("Tenho vergonha") e o que pensa ("Nesses momentos, a família precisa se unir"), objetivando e propagando o que até então era talvez vivenciado apenas na subjetividade, ou no interior dos pequenos grupos a que pertence. Para realizar esse movimento, a pessoa apreende o que foi encenado, realiza generalizações e conexões entre as cenas dramáticas e sua vida própria, elabora conteúdos privados e se dispõe a externá-los. Cada participante, ainda que sua presença seja silenciosa, configura-se como representante grupal e veículo de sentimentos coletivos, podendo se fortalecer com a solidariedade alheia, já que produz e vislumbra alternativas compartilhadas.

Weinberg e Schneider (2006 , p. 200) afirmam que "o grande grupo é instrumento importante para a compreensão dos processos sociais interativos e das inter-relações na sociedade". E para acrescentar, citam De Maré: "Os grandes grupos favorecem a conscientização sociocultural; só se consegue observar a cidadania, a contento, em *setting* amplo" (p. 201).

Feitas aqui algumas considerações sobre grandes grupos, é imperioso reconhecer que o sociodrama apresenta-se como uma alternativa revolucionária, de grande alcance e eficiência para a promoção do senso de coletividade e cidadania, sem perder de vista o valor das participações e contribuições individuais. As palavras finais são de Berger (1976, p. 145): "As revoluções começam com transformações da consciência".

Referências bibliográficas

BERGER, P. *Perspectivas sociológicas*. 2. ed. Rio de Janeiro: Vozes, 1976.

CUSCHNIR, L. (org.). *J. L. Moreno: autobiografia*. São Paulo: Saraiva, 1997.

FLEURY, H. J.; MARRA, M. M. (orgs.). *Práticas grupais contemporâneas: a brasilidade do psicodrama e de outras abordagens*. São Paulo: Ágora, 2006.

MARTIN, E. G. *Psicologia do encontro: J. L. Moreno.* 2. ed. São Paulo: Ágora, 1996.

MONTEIRO, R. F. "Teatro espontâneo: um ato político". *Revista Brasileira de Psicodrama*, v. 12, n. 1, p. 33, 2004.

_____. *Técnicas fundamentais do psicodrama.* São Paulo: Ágora, 1998.

MORENO, J. L. *Psicomúsica y sociodrama.* Buenos Aires: Paidós, 1965.

PAGÈS, M. *A vida afetiva dos grupos: esboço de uma teoria da relação humana.* Petrópolis/São Paulo: Vozes/Edusp, 1976.

PICHON-RIVIÈRE, E. *Teoria do vínculo.* São Paulo: Martins Fontes, 1988.

WEINBERG, H.; SCHNEIDER, S. "Grupos maiores: filosofia, estrutura e dinâmicas". In: FLEURY, H. J.; MARRA, M. M. (orgs.). *Práticas grupais contemporâneas.* São Paulo: Ágora, 2006. p. 193-211.

Capítulo 7

Dois momentos sociodramáticos

Descrição do sociodrama

Sergio Perazzo

RECENTEMENTE, EM MEU NOVO LIVRO, *Psicodrama: o forro e o avesso* (São Paulo: Ágora, 2010), ocupei-me especificamente, em um dos capítulos, em redefinir, à minha maneira, o termo "sociodrama", por sentir que já era hora de um ajuste de nomenclatura, já que tanta confusão vem sendo feita na caracterização do conceito.

Utilizo sempre, para qualquer prática psicodramática, o termo genérico "psicodrama", do qual tudo deriva e se desdobra nas práticas específicas (sociodrama, teatro espontâneo, grupo de *role-playing*, jornal vivo, axiodrama etc.), que considero suas subdivisões.

Meu incômodo começou de alguns anos para cá; nos congressos brasileiros de psicodrama, tem sido comum a programação de sociodramas de abertura e sociodramas de encerramento desses nossos congressos.

Ora, em primeiro lugar, o psicodrama está sempre diante do imprevisto e, portanto, não há como saber previamente se um psicodrama (nome genérico) de abertura ou de encerramento de um congresso resultará ou não em um sociodrama.

Isso porque o sociodrama implica a existência de um conflito grupal a ser resolvido psicodramaticamente. Logo, chamar previamente de sociodrama uma abertura ou encerramento de um congresso é supor a existência de um conflito grupal em um grupo de congressistas que sequer se formou.

Por essas razões, prefiro chamar tais atividades de psicodrama de abertura e de encerramento de um congresso, com possibilidades mais amplas de trabalho, indo ao encontro, verdadeiramente, dos interesses grupais.

Em que pese qualquer definição de Moreno ou pós-moreniana, o sociodrama visa sempre diagnosticar e tratar tensões intragrupais ou intergrupais em um conflito qualquer, espelho micro e macrossocial. Sempre.

O trabalho psicodramático será um sociodrama, dentro da definição antes proposta, em apenas duas eventualidades:

- Por encomenda: quando um sociodrama é programado previamente para atender a um conflito grupal predeterminado, como, por exemplo, questões raciais numa comunidade, problemas com drogas numa escola, tensões grupais entre os funcionários de uma empresa ou instituição qualquer etc. Nesse caso, o psicodramatista já sabe com antecedência, tem ao menos o esboço, que operará sociodramaticamente com aquele grupo.

- De ocorrência espontânea: trata-se daqueles casos em que, no processo de uma atividade grupal (grupo de terapia, de supervisão, de *role-playing* etc., qualquer grupo), o diretor depara com um impedimento operativo do grupo em relação à finalidade para a qual foi constituído (falta de clima protagônico, por exemplo, num grupo de terapia ou supervisão), decorrente de tensões presentes entre seus integrantes, as quais necessitam ser resolvidas para a recuperação da fluidez grupal.

Vou reproduzir aqui um pequeno trecho do que escrevi sobre o tema no meu último livro, a que me referi inicialmente:

[...] O mesmo se pode dizer de psicodramas tematizados. Sociodramas tematizados só se encomendados por ou para uma comunidade qualquer, onde o tema e os problemas que estejam atravessando tenham uma relação direta.

Para mim, sociodrama se refere a tal foco de trabalho descrito aqui e não a uma forma específica de utilização da técnica. Por quê? Porque, equivocadamente, às vezes se difunde a noção em que psicodrama está ligado à noção de protagonista e socio-

Dois momentos sociodramáticos **125**

drama não (ou erroneamente dizer que o grupo é protagonista). Protagonista é sempre um, sempre uno, aquele que representa o grupo.

Ora, é muito simples, assim como é possível trabalhar com sociodrama sem um protagonista específico, com subgrupos, por exemplo, também é possível trabalhar com sociodrama a partir de um protagonista que encarne o drama coletivo do grupo[1].

Levando em conta, portanto, esse pequeno resumo de minhas reflexões quanto ao ajuste da nomenclatura, escolho dois momentos sociodramáticos, que vivi como diretor, para ilustrar meu modo de pensar. Um deles realizado por encomenda e o outro de ocorrência espontânea; cada um apresenta graus de dificuldades diferentes para a condução desses dois grupos diversos, desafiando a percepção e a habilidade técnica do diretor e, constituindo assim, matéria diversificada e propícia a uma estimulante discussão.

Sociodrama no País Basco

Já contei essa história antes, resumidamente. É hora de ampliar e detalhar o percurso, os antecedentes e as consequências de tal experiência.

Ano: 1996. Local: Vitória, capital do País Basco, norte da Espanha, próximo a Bilbao e San Sebastián. Era lá que estava sendo realizado, se não me engano, o XI Congresso Espanhol de Psicodrama. Eu tinha sido convidado pelos colegas espanhóis para participar, dirigindo vivências e integrando mesas-redondas. Um colega de Portugal e eu éramos os únicos estrangeiros presentes. No ano anterior, Moysés Aguiar tinha sido convidado e, naquela ocasião, ele e José Espina Barrios, de Valladolid, tiveram a ideia de organizar um congresso ibero-americano de psicodrama e tal ideia permanecera em suspenso. Veremos adiante a importância desse fato.

---

1. Veja mais informações em PERAZZO, S., *Psicodrama: o forro e o avesso, op. cit.*

Voltemos a Vitória. Na véspera do encerramento do congresso, foi organizado um banquete para os congressistas em um palácio de características renascentistas, com requintes de nobreza. As mesas redondas com toalhas de linho, castiçais e arranjos de flores tomavam todo o pátio do palácio, o qual ficava ao pé de uma escadaria monumental com corrimões de mármore. Um *chef* basco, apresentado com aplausos ao público, comandava, com seu uniforme engomado e impecável, uma sucessão de pratos com sua assinatura e regionalidade. Fomos recebidos por um coral de homens bascos na escadaria, vestindo smokings e cantando o cardápio em diversas vozes e escalas.

Perto da hora da sobremesa, alguém se levantou para um brinde e, imediatamente, do lado oposto, levantou-se também outro colega espanhol, que começou a enfrentá-lo num confronto duro e escarrado com todas as letras e todas as vírgulas, um barraco ao estilo brasileiro naquela redoma do tempo e requinte europeu, com direito a berros e dedos em riste.

Claro que fiquei paralisado tentando entender o que estava acontecendo e me pareceu haver surpresa para os demais espanhóis ali presentes, e a sobremesa, o café e o licor trilharam direitinho a sequência prevista até o fim do banquete.

Na manhã seguinte, ainda durante o congresso, houve uma reunião fechada da Associação Espanhola de Psicodrama (AEP), em que outros desentendimentos aconteceram. Ao fim da reunião, alguns representantes vieram me procurar e me pediram que dirigisse um sociodrama da instituição como atividade final do congresso. Como estrangeiro, eu estaria teoricamente mais isento e mais preparado para a direção. Topei: *¡que venga el toro!* E assim, nessas circunstâncias, aconteceu o sociodrama encomendado previamente.

Nesses últimos momentos do congresso, o centro de convenções já estava vazio, comportando apenas os congressistas. O anfiteatro tinha cadeiras fixas, de modo que se resolveu fazer o sociodrama no saguão do prédio, para que todos pudessem se movimentar com desenvoltura. Havia uma escadaria, que utilizei como instrumento de trabalho. Quando precisava ser visto e ouvido por todos, eu subia

Dois momentos sociodramáticos **127**

a escada e falava de cima. Quando precisava me misturar ao grupo ou aplicar técnicas específicas (duplos, por exemplo), descia a escada. Era um sobe e desce que não acabava mais.

Propus uma viagem no tempo, em que cada um se remontasse ao momento do seu primeiro contato com o psicodrama, a sua formação específica e a vinculação com a AEP.

Alguns poucos se juntaram num ponto que representava o I Congresso Espanhol de Psicodrama. Mediante confrontos diretos, solilóquios e duplos meus, foram reconstituindo a história do psicodrama espanhol no I Congresso: o clima vigente, as possíveis coisas a acertar entre os presentes.

Pouco a pouco, fui pedindo ao grupo que montasse cada um dos onze congressos realizados e o percurso entre eles. Pessoas se agregavam, outras saíam, confrontos aconteciam, equívocos se esclareciam, emoções explodiam, até a chegada ao XI Congresso, e último, em que terminaram todos, novos e velhos, abraçados, retomando a ideia de Moysés e José Espina de organizar no ano seguinte o I Congresso Ibero-Americano de Psicodrama (primeiro, precisaram se acertar entre si antes de se juntarem aos estrangeiros, ainda contaminados por suas mágoas e diferenças).

Os participantes disseram, no fim do sociodrama, que, se eu garantisse pelo menos vinte brasileiros no congresso ibero--americano, eles se encarregariam de organizá-lo, no ano seguinte. Em 1997, éramos quase duzentos brasileiros em Salamanca. Dez vezes mais do que eles haviam me pedido. Esse sociodrama de Vitória permitiu que eles se juntassem, apesar das diferenças, e se abrissem para a confraternização psicodramática e pessoal com psicodramatistas de outros países, o que aconteceu de fato na sequência dessa história.

Esse congresso espanhol terminou de um modo muito emocionante para mim. Ao término do sociodrama, os espanhóis me levantaram, me colocaram nos seus ombros e saíram comigo do pavilhão para a rua gritando: *"¡Torero! ¡Torero! ¡Torero"* E, com isso, veio a minha explosão de choro e de emoções. Foi o momento em que o grupo cuidou do diretor, aliviando suas tensões, acompanhando-o e não

128 Sergio Perazzo e Luís Falivene R. Alves

o deixando só. A sensação era mesmo a de que todos nós éramos um e cada um representava todos. Como os mosqueteiros do rei.

O chato: o sociodrama que não aconteceu

Há vários anos, introduzi no psicodrama o termo "voz discordante do grupo". Trata-se de uma ocorrência característica da etapa de aquecimento inespecífico, embora possa estar presente até durante uma dramatização, em que todo o grupo parece caminhar numa dada direção e um dos seus membros destoa inteiramente do caminho tomado, fenômeno bem conhecido entre nós.

Por exemplo: tudo parece se encaminhar para a escolha de um representante grupal, que provavelmente será o protagonista do grupo, quando alguém discorda, direta ou indiretamente, ou fala de outra coisa, ou denuncia algo etc., mudando o rumo das ações.

Na verdade, trata-se de um sinalizador grupal importantíssimo que, na maioria das vezes, detém em si mesmo e na sua atitude a verdade grupal daquele momento, e é a ele que o diretor deve dar atenção para não seguir pistas falsas.

Pois bem; todas as vezes, em todos esses anos, em supervisões, aulas ou cursos, acabo sempre exemplificando de maneira idêntica, conservada até, tal questão, utilizando um recurso de humor que sempre funciona para a memorização do conceito. Em geral, digo:

> O diretor fez um aquecimento inespecífico bárbaro, surgiram vários emergentes grupais que desembocaram em um representante grupal, está tudo pronto para o desenrolar de uma cena emocionante, em que esse representante será o protagonista e consagrará o diretor, em estado de glória, quando aparece um *chato* (em geral, aponto para alguém do grupo como se ele fosse a *voz discordante*) que põe água na fervura e fala de outra coisa. Em vez de o diretor se aborrecer, é a ele que deve dar atenção.

Mais ou menos com tais palavras e de um modo bem-humorado, ilustro o que quero dizer. O resultado é sempre bom e provoca

Dois momentos sociodramáticos **129**

boas risadas, pois, afinal, qual diretor de psicodrama já não passou por uma situação dessas? Enfim, essa tem sido a minha experiência prática cada vez que exponho tal conceito.

Ora, em uma reunião de professores da instituição psicodramática a que pertenço e na qual sou supervisor, sugeri que cada professor dirigisse a nossa reunião, um de cada vez, para que entrássemos em contato com a maneira diferente de dirigir de cada um, para a atualização de todos e para que tomássemos conhecimento de modelos diversos de direção psicodramática. Como dei a ideia, fui escolhido para dirigir a reunião seguinte.

Nessa reunião, escolhi um tipo de direção que chamo de "processamento passo a passo", o qual, naquele momento, era oferecido aos colegas professores como uma alternativa de direção psicodramática.

Em certo momento, referi-me à "voz discordante do grupo" e a exemplifiquei da maneira como sempre faço, brincando com o grupo e apontando um colega como *o chato* que despeja o balde de água fria.

Qual não foi a minha surpresa quando o colega apontado se virou para mim muito sério e com fisionomia de ofendido, apontando-me o dedo e dizendo: "Eu não sou chato". E repetiu: "Eu não sou chato".

Expliquei o que descrevi no início deste relato. Não adiantou. Ele repetiu mais uma vez: "Eu não sou chato". Estava eu diante de um impasse grupal que exigia uma intervenção sociodramática de ocorrência espontânea. Portanto, não encomendada.

Tensões intragrupais envolvendo o diretor são situações que vivi muitas vezes com pacientes, alunos, supervisionandos e integrantes de atos psicodramáticos. Não eram novidade para mim. Tensões entre pares (no caso, professores ou supervisores) foram vividas em outras ocasiões, em grupos em que eu não era o diretor. Dessa vez se somavam os pares e a minha direção com uma tensão dirigida a mim especificamente. Claro que se tratava de uma situação de confronto a exigir do diretor uma intervenção sociodramática.

Na minha percepção, não havia disponibilidade do grupo para tal caminho. A sensação era a de que não sairíamos do impasse. Ninguém se sentia suficientemente isento para dirigir a intervenção sociodramática. Eu mesmo não me sentia com disposição para aquele confronto específico, a meu ver, deslocado em termos de tempo e de lugar e sem sinais de resolução à vista. Qualquer coisa que eu fizesse não modificaria a situação. Era o que me parecia. Não ousaria dizer tratar-se de uma questão subjetiva do colega que me interpelou, até porque não detectava em mim com clareza algo decorrente da minha própria subjetividade.

Apesar de estar diante de uma "voz discordante do grupo", decidi não seguir o caminho do sociodrama. Com o apoio do grupo e, aparentemente, do colega em questão (o grupo não me deixou sozinho), enveredei por uma trilha com razoável capacidade operativa, retornando à atividade de modo mais sucinto, em pequenas cenas, ilustrando a minha maneira de dirigir e de teorizar, de acordo com a proposta inicial, embora com muito menos densidade e riqueza de que sou capaz de imprimir nesse tipo de trabalho. O sociodrama, de fato, não aconteceu.

O que me levou a tomar tal decisão?

Primeiro, não quis me confrontar com aquele colega e não acreditava, naquele momento, que um confronto levasse a alguma solução. Também não era caso de apontar qualquer viés de subjetividade de um dos dois, o que teria de ser dirigido por outro membro do grupo.

Segundo, ninguém estava isento para dirigir, como já comentado. Então me pergunto: "Algum diretor está totalmente isento na direção de qualquer grupo, e, especificamente, na de um grupo sob intervenção sociodramática?"

Comparando essa situação com o sociodrama do País Basco, em que, pretensamente, eu era o psicodramatista estrangeiro e teoricamente isento, sendo, por isso, escolhido para dirigir o sociodrama, qual o caráter dessa isenção? Eu já conhecia alguns espanhóis e era amigo de dois ou três havia cinco anos. Não conhecia muitos deles. O conteúdo do que diziam automaticamente me fazia tomar

Dois momentos sociodramáticos **131**

o partido de um ou de outro, mesmo que fizesse a maior força para evitar isso. Não tomamos o partido (internamente, pelo menos) de nossos pacientes? Tal isenção, em qualquer *setting*, existe mesmo? Seria ela apenas sintoma de nossa onipotência? E este meu relato não seria apenas a minha verdade? E a verdade dos demais integrantes do grupo, como fica? Assim, o relato dessa vivência psicodramática não seria outro? Qual o tempo e lugar de um sociodrama de ocorrência espontânea? Quais suas consequências no processo de um grupo? Qual o nosso poder de interferência como diretor ou como membro do grupo? A minha recusa em partir para um confronto foi uma atitude sociodramática? Ainda bem que as respostas a essas perguntas não cabem a mim. Deixo o quebra-cabeça ao meu comentador.

Processamento, comentários, reflexões

Luís Falivene R. Alves

CONVIDADO PELA COORDENAÇÃO deste livro, esperava receber o texto do Sergio escrito no seu estilo peculiar, completo na descrição das etapas, cenas e intervenções realizadas, confirmando uma direção bem fundamentada na teoria e prática psicodramática. Embora considere que só é possível fazer um bom processamento se estivermos presentes no evento, como eu e ele temos muitas afinidades no pensar e praticar o psicodrama, imaginava que isso facilitaria a realização dessa tarefa, ao mesmo tempo em que me solicitaria contribuir com algo que fosse além daquilo que ele já se encarregara de fazer.

Um processamento pode ser realizado por meio de um viés do diretor, do ego-auxiliar, do protagonista, da plateia ou do percurso protagônico. Primeira constatação: Sergio não faz um relato minucioso e sequencial de sua direção; em vez disso, nos traz as vicissitudes por que passa um diretor de grupo nas situações de um sociodrama já preestabelecido e diante de uma inesperada ocorrência sociométrica. Sua exposição sobre questões relacionais que se estabelecem entre diretor e membros do grupo, em vez da realização de um processamento teórico-prático tradicional.

Psicodrama e sociodrama

Inicialmente, chama a atenção para o uso do termo "sociodrama", que considera não pertinente ao noemar situações em que não exista um conflito intragrupal ou intergrupal; cita como exemplos a utilização prévia do termo nos atos de abertura e encerramento de eventos, preferindo que seja utilizada a denominação genérica de psicodrama.

Minha reflexão: há uma forte corrente, principalmente no Brasil, procurando realçar o termo "socionomia" – a ciência que estuda as relações e interações sociais –, conceituando mais amplamente seus três ramos: a sociodinâmica, sociometria e sociatria. Essa ênfase, a qual podemos chamar de teoria socionômica, nas nossas bases teórico-prática-filosóficas não conseguiu superar a denominação "psicodrama", que, embora reservada a apenas um dos métodos sociátricos, foi a que mais se popularizou e foi mais bem absorvida pela comunidade científica. Assim, por um processo de metonímia, a parte (psicodrama) passou a definir o todo (socionomia), e, como diz Sergio, como na condução de um grupo, não sabemos qual demanda surgirá, se tivermos de usar um nome, que seja psicodrama.

Da mesma forma, podemos entender que o termo "sociodrama" estendeu-se para além do âmbito do trabalho com conflitos intragrupais ou intergrupais e passou a identificar também a relação que determinado grupo possa apresentar diante de algum tema ou situação proposta. Seria necessário criarmos outro nome? Temadrama? Ou, ao utilizarmos um tema inicial, estaríamos propiciando um contexto de investigação, oferecendo um espaço para a manifestação de diversidades, de dúvidas, de posicionamentos, para o compartilhamento e as transformações, para a elaboração de conflitos suscitados pelo tema?

Então, por que não nomear essa atividade como sociodrama? O Instituto de Psicodrama e Psicoterapia de Grupo de Campinas (IPPGC) tem realizado sessões públicas mensais, sempre tematizadas: "Brasil, uma só raça?", "Ano-novo, vida nova?", "Você sabe o que é Twitter?", nas quais, depois das devidas introduções e aquecimentos, são explicitados questionamentos, diferenças, incômodos, emoções, conflitos, criando-se um espaço sociodramático estimulado pelo tema inicial. Melhor dizendo: um espaço sociopsicodramático, já que envolve o individual e o coletivo, o intra e o interpsíquico, o relacional interno e o externo.

Feita essa introdução, vamos para as reflexões suscitadas pelos momentos sociodramáticos descritos.

Um diretor no País Basco – de conviva a toureiro e mosqueteiro

Sergio havia sido surpreendido por uma altercação entre dois colegas espanhóis: salão nobre, ambiente requintado, comida especial, sobremesa deliciosa, e o som do coral anunciando a mesa farta agora é atravessado por um duelo de duras palavras e acusações que prenunciavam conflitos, confirmados no dia seguinte, na reunião da Associação Espanhola de Psicodrama. Sergio é, então, convidado para dirigir um sociodrama. É-lhe oferecido um touro, não para ser comido, mas para ser toureado. De espectador, instalado confortavelmente, se faz toureiro. Adentra a arena, mas não usa a capa vermelha, não pretende que haja sangue derramado; ao contrário, sua capa é branca, pela paz.

Mediante cenas retrospectivas, tendo como lócus várias *plazas*, desfilam desentendimentos e competições – serão os touros que deverão ser enfrentados. Por meio da arte de bem conduzir, a capa do diretor toureiro movimenta-se para que se façam confrontos, se desfaçam os desentendimentos, e o residual se faça atual. No final, a conciliação, a saudação, o reconhecimento e a vontade de integrar-se a novos parceiros. Agora, Sergio transforma a sua capa e espada de diretor-toureiro em capa e espada de um mosqueteiro de Dumas: "Um por todos, todos por um" – o ideal sociométrico. Vitória em Vitória: "Que venha o Congresso Ibero-Americano".

O chato: o sociodrama que não aconteceu – de toureiro-mosqueteiro a pastor de ovelhas

Sergio está a iniciar a coordenação de um grupo de professores, colegas de sua instituição, atendendo a uma proposta sua para que, a cada reunião, se revezem na condução, propiciando, assim, que todos mostrem sua maneira de dirigir. Pretende fazê-lo por meio do que denomina "processamento passo a passo". Como preâmbulo, iniciando um aquecimento inespecífico, ele narra uma possível ocorrência no decurso de uma atividade psicodramática, a qual denomina "voz discordante do grupo". Sua intenção é mostrar que essa discordância externada por um elemento do grupo acaba por interromper o aquecimento que estava acontecendo, merecendo uma atenção especial e justificando a alteração nos rumos do que se estava projetando.

De modo bem-humorado, ele apelida esse elemento dissonante de "chato", pois coloca em questionamento aquilo que se considerava estar no bom caminho. A fim de melhor exemplificar, Sergio utiliza-se de uma prática bastante comum: aponta para elementos do grupo, identificando-os como personagens da situação que deseja demonstrar. Ao designar um dos colegas como representante da figura chata, houve uma forte reação. Ofendido, o colega responde, em tom sério e repetidamente: "Eu não sou chato".

Nesse ponto, o autor encontra-se diante de uma incompatibilidade de critério sociométrico. Embora ainda esteja no contexto grupal, ao propor que um participante da reunião represente o personagem exemplificado, Sergio instala um rápido contexto dramático (que chamo de "*flash* dramático"), um "como se". O colega reativo não só não aceita entrar no "como se" como transforma a designação recebida em um "como é". Como um touro ferido por uma farpa, repete: "Eu não sou chato". Mas Sergio não estava ali como toureiro; ao contrário, sua intenção era exatamente mostrar que um condutor de grupo deve sempre estar atento à voz discordante. Como um pastor que vai atrás da ovelha desgarrada, não só porque não quer perder o animal, mas principalmente porque ela pode ter descoberto uma nova fonte de água ou percebido algum

Dois momentos sociodramáticos **135**

perigo, também o diretor deve manter-se vigilante e investigar as motivações daquele que se mostra em desacordo. Neste pode estar a indicação de um novo direcionamento protagônico.

Considerando o cabedal de experiência do Sergio, as várias possibilidades de encaminhamento da direção mencionadas a seguir devem ter lhe ocorrido:

- Uma investigação sociométrica? O que teria provocado a surpreendente reação do colega? Uma não aceitação da direção? O que teria levado Sergio a escolher exatamente aquele colega como exemplo? Como repercutiu no grupo o impasse ocorrido? O conflito estava limitado ao colega e ao condutor do grupo? Seria a expressão de uma tensão grupal? Perguntas exigindo a construção de um contexto sociodramático a ser dirigido por outro colega. Quem? Um elemento do próprio grupo? E se o ocorrido fosse expressão de uma tensão grupal mais ampla?

- Uma investigação psicodramática? O foco da questão só poderia ser direcionado a uma possível problemática transferencial do colega se houvesse por parte dele algum reconhecimento referente a uma atitude intempestiva e repetitiva e a vontade de trabalhar essa questão. Isso muitas vezes ocorre em processos psicoterápicos, mas nesse caso o contexto é outro, devido à proteção oferecida por sessões sequenciais e ao vínculo terapêutico estabelecido. Caso essas condições não sejam respeitadas, teremos uma tourada com capa vermelha e muito sangue – não saberemos quem será o toureiro e quem será o touro. Ou o que veremos será um confronto de touros com uma corrida desenfreada para cima da plateia.

Sergio, que sabe ser o toureiro que enfrenta os conflitos ameaçantes, que sabe ser o mosqueteiro que luta pelo coletivo, também sabe ser o pastor de ovelhas. Não descuida do colega nem do grupo, percebe a melhor opção: continuar o que estava contratado. Não sente na atitude do colega a caracterização de uma representação grupal. Junta o grupo, e eles caminham por outras cenas.

O episódio teria sido desconsiderado, minimizado, ou se encontrou outra maneira de resolvê-lo? O colega havia se defendido de modo irredutível: "Não sou chato". Sergio também não quis ser chato e insistir em algum tipo de investigação, e o grupo também não quis ser chato e desviar-se do que estava acordado. Pode ser que o tema protagônico tenha sido este: "não ser o chato". Sergio não relata o que ocorreu nas cenas que se seguiram, mas sempre acredito que o coinconsciente do grupo cria um movimento protagônico que perpassa o fluxo das dramatizações, expressando e buscando soluções para suas tensões. Fica a curiosidade do ocorrido nas dramatizações seguintes.

Perguntas e respostas

No final de seu relato, Sergio apresenta várias indagações, convidando-nos a compartilhar as vicissitudes de um diretor psicodramático. Muitas delas já se respondem por si só, ou já são as próprias respostas, ou não são para serem respondidas, devendo permanecer como indagações que um diretor psicodramático deverá sempre se fazer.

A arte do psicodrama pressupõe que nos deixemos afetar pelos relatos, ações e sentimentos que surgem no contexto grupal e dramático. Somos membros participantes, e o clima protagônico flui com base nas relações emocionais estabelecidas entre os componentes do grupo, incluindo diretor. A isenção que se pede é aquela que conseguimos quando nos despimos do prejulgamento, da pré-intenção, da pretensão de tudo saber; é aquela que alcançamos ao nos mostrarmos curiosos diante dos imprevistos e ficarmos de prontidão, para a busca do caminho mais adequado.

Sergio, se não propôs um sociodrama propriamente dito, teve um olhar e uma atitude que levaram em consideração as várias possibilidades inter-relacionais ali presentes. Esteve sempre ciente de que caminhava num contexto sociodramático, e, pelo que sugere seu relato, todo o desenvolver da atividade teve o respaldo solidário do grupo, confirmando o acerto no caminho tomado.

Capítulo 8

Depoimento sobre psicodrama público no Centro Cultural São Paulo

Descrição do sociodrama

Wilson Castello de Almeida

A liberdade do indivíduo e a coesão do grupo social terão sempre de encontrar caminhos conciliadores[1].

INICIALMENTE, AGRADEÇO À COLEGA Regina (Reo) Fourneaut Monteiro a participação nos trabalhos como ego-auxiliar *ad hoc*. Especiais agradecimentos a Flavia Mostazo Varga, por gentilmente anotar as atividades, e a José Roberto Wolff, por assumir a tarefa dos comentários pertinentes, compondo e finalizando o texto.

Agradeço também a Marlene Marra e Heloisa Fleury, pelo convite carinhoso para participar deste livro. Estendo os agradecimentos a Ricardo Flores, pelas fotografias do documentário.

Durante alguns anos, na lendária rua Sorocaba, número 91, tendo Reo como coterapeuta, dirigi vários grupos em consultório, utilizando o método e as técnicas morenianas do psicodrama. Por duas ou três vezes, dirigi a abertura e o encerramento de congressos; também por duas ou três vezes, dirigi sessões abertas no Daimon, e fui convidado a comparecer a eventos em várias instituições psicodramáticas, como, por exemplo, o "Sarau" de Júlia Motta em Campinas.

---

1. ALMEIDA, W. C. de. *Psicoterapia aberta: o método do psicodrama, a fenomenologia e a psicanálise*. São Paulo: Ágora, 2006, p. 67.

Sem perder a minha ligação afetiva com o movimento psicodramático, pois foi por meio dele que me lancei na vida intelectual e profissional de São Paulo, fiquei muitos anos afastado das atividades grupais de cunho terapêutico. No entanto, não deixei de dar aulas, fazer palestras, participar de congressos e, durante dez anos, codirigi com José Fonseca o Grupo de Estudos sobre J. L. Moreno (GEM), bem como, por dez anos, fui editor da *Revista Brasileira de Psicodrama*.

Todavia, um desejo buliçoso instalara-se no meu coração: dirigir um psicodrama público. Talvez quisesse deixar de ser considerado "um teórico". Foi quando recebi o convite para participar do já tradicional psicodrama público do Centro Cultural São Paulo (CCSP). Com a carga sentimental referida, aceitei e lá fui eu.

Agora, ao atender ao chamado deste livro, concluí que a direção feita por mim, no sábado, 21 de novembro de 2009, no CCSP, merecia ser divulgada como um testemunho amoroso.

Com a convicção de que o psicodrama, em qualquer de seus campos, é proposta a ser realizada em contextos grupais, sendo as suas derivações apenas adaptações do método original, hoje tenho comigo mais uma convicção: só é psicodrama verdadeiro aquele realizado em público, aberto para ruas, praças, escolas, anfiteatros. Por isso, vejo no psicodrama público do CCSP, liderado pelo afetuoso e carismático Antonio Carlos Cesarino, um caminho promissor para o psicodrama brasileiro.

Antes de adentrar o espaço do auditório Adoniran Barbosa, procurei deixar em casa a minha bagagem teórica, porém não abandonei três conceitos morenianos, que poderiam me dar um norte.

1. "Princípio da interação terapêutica", segundo o qual um paciente é agente terapêutico do outro.
2. "Princípio da espontaneidade", por meio do qual se permite e se estimula a participação livre e criativa de todos os membros do grupo.
3. "Princípio da identificação", segundo o qual cada membro do grupo permite que ocorra a identificação com o outro, deixando a transferência psicanalítica somente para a figura do diretor.

Depoimento sobre psicodrama público no Centro Cultural São Paulo **139**

Quando cheguei, várias pessoas já estavam presentes, inclusive estudantes universitários, psicodramatistas em formação e uma turma do histórico Grupo de Estudos e Trabalhos Psicodramáticos (Getep), de Maria Alice Vassimon, que me enviava saudações e votos de sucesso. (Valeu a torcida, Maria Alice!)

Na hora aprazada, com entre cinquenta e sessenta pessoas inscritas, depois da apresentação sobre minha pessoa, feita por Reo, iniciei um diálogo maneiro com o público.

Lembrei-lhes de que Moreno, o criador do psicodrama, pedia para que fossem observados três contextos de intervenção: o social, o grupal e o psicodramático. Como o anfiteatro tem projetado em seu entorno um mezanino, propus que as pessoas que estivessem "lá em cima" fossem consideradas representantes do contexto social; nós, reunidos "cá embaixo", seríamos pertencentes ao contexto grupal; e, sobre o palco, em movimento adequado, seria formado o contexto psicodramático.

Comecei por aquecer (*warming up*) o grupo com os tradicionais "iniciadores". O primeiro objetivo era que cada participante pudesse relacionar-se com o outro de modo espontâneo, olhando, observando, ativando os sentimentos e a sensibilidade do conjunto.

Contei a tese de Jean-Paul Sartre, de forma leve, para que todos percebessem que as pessoas ali presentes ainda não compunham um grupo, eram tão só a série.

Identifiquei as pessoas pela frequência de comparecimento ao CCSP: as que frequentavam o evento semanalmente, sendo chamadas de "assíduas"; as que vinham pela primeira vez, porém com a intenção de tornar-se frequentadoras; e aquelas apenas curiosas, chamadas de "passantes" (um jogo sociométrico).

Sugeri que se interrogassem e utilizassem a força da curiosidade para esclarecer dúvidas e sentimentos.

Uma mulher pergunta: "O que é exatamente esse negócio de psicodrama? Dizem ser muito legal". Algumas respostas pipocaram: "É só você frequentar para ver"; "O psicodrama ajudou a me soltar"; "No começo, eu não entendia nada, depois percebi que foi útil para mim"; "Para mim, é um hobby de fim de semana"; "No começo, é muito chato, mas depois fica bom".

Trata-se de uma pequena amostra de como os já participantes estavam assumindo seu compromisso com o grupo. E é interessante registrar, nestas linhas, que alguns dos frequentadores assíduos permaneceram juntos depois de encerrada a atividade, almoçando ou bebendo uma cervejinha e indo embora no meio da tarde (processo evidente de inclusão e socialização).

No decorrer desse tempo de preaquecimento, um paciente de perfil psicótico andava em meio ao grupo repetindo: "Monteiro Lobato, Monteiro Lobato". A propósito, não se pode deixar de observar o respeito e a consideração que todo o grupo tem para com os colegas, em especial para com os mais psiquicamente lesados.

Outro participante, de mesmo perfil, demonstrando ansiedade, diz ao diretor: "Vamos começar logo! Psicodrama é ação!" Dirigi-me a ele, perguntei seu nome e respondi mais ou menos assim: "Fulano, cada diretor tem um jeito de trabalhar; o meu jeito é assim, tenha um pouco de paciência". Ele entendeu e atendeu ao apelo.

Depois do período de apresentações, diálogos e movimentação na plateia, fiz uma intervenção: "Moreno nos diz que numa sessão de psicodrama público o ideal é levar para o palco o maior número possível de interessados. Vocês, agora no contexto grupal, já se consideram preparados para caminhar para o palco, para o contexto psicodramático? Ou ainda há necessidade de se conhecerem melhor, ou, talvez, de mais aquecimento?" Um assíduo pede a palavra: "Se o senhor nos convidar, ninguém vai; aqui o que funciona melhor é todo mundo ir para o palco. Depois, quem quiser desce". Então, eu, diretor, digo: "O diretor põe e o grupo dispõe. Vocês concordam com o colega?" Todos aplaudem e sobem ao tablado, sem protesto.

Já devidamente programado para aquele instante, eu preparara um aquecimento muito útil.

Os participantes dariam as mãos e formariam uma grande roda, como numa ciranda. Essa consigna atinge vários níveis das relações humanas: o fisiológico, com o contato pele e pele; o relacional, tendo a sensação tátil como fonte de emoções e de inspirações em relação ao outro; o mental, local da ideação, das imagens, lembranças e fantasias variadas.

Naquele momento, comecei a tocar o CD *Eu sou Lia*, que contém uma música de Capiba (Lourenço da Fonseca Barbosa), cantada por uma mulher negra de nome Lia de Itamaracá (Maria Madalena Correia do Nascimento), com voz forte e doce ao mesmo tempo. Em *Minha ciranda*, diz Capiba:

> Minha ciranda não é minha só
> Ela é de todos nós
> A melodia principal quem
> Guia é a primeira voz
> Pra se dançar ciranda
> Juntamos mão com mão
> Formando uma roda
> Cantando uma canção

Hermínio Belo de Carvalho, na apresentação do CD, diz que trata-se de uma "estranha música" do povo pernambucano, que está na "boca de toda a gente", "na alegria das pessoas de mãos dadas".

A grande roda sobre o tablado rodopiou lindamente, todos dançavam, cantavam, brincavam, faziam e desfaziam a roda, trocavam de mãos, trocavam de pares, parecendo mobilizar toda a felicidade possível.

A dança interativa é a manifestação ritualística mais espontânea, podendo originar o gesto criador mais expressivo. Puro psicodrama.

A opção pelo uso dessa música típica – provocando sentimentos de ternura, alegria, nostalgia e até tristeza, porque sua marcação de ritmo atinge lugares escondidos da alma – deveu-se ao fato de que estou entre os que propõem o retorno ao psicodrama alegre.

Finalizando essa parte corporal, deixei-os à vontade para retornarem para a plateia. A maioria permaneceu.

O movimento seguinte foi construir subgrupos, para dar continuidade, fluidez e agilidade ao trabalho. Assim formados, permitiriam o psicodrama dentro do psicodrama, semelhante ao teatro dentro do teatro, de Shakespeare. Foram formados três subgrupos, estimulados pela sociometria que a ciranda possibilitava.

Então, dei um tempo suficiente para que a inter-relação das pessoas se desse, naquele instante, de um modo mais intimista, como se não fossem membros de um grupo grande. Essa subdivisão do grupo maior em pequenos grupos pressupõe melhor acolhimento, mais amparo e, supostamente, melhor compreensão e entendimento entre os pares.

Alguém achou o tempo dado muito longo, porém eu, na função de diretor, o considerei adequado para a motivação desejada; estava atento às conversas ali desenvolvidas, passava por eles, ouvindo-os diretamente, dirimindo dúvidas. Sentia-me plenamente na direção.

Os subgrupos formados se distribuíram e sentaram no chão, como acontece tradicionalmente, passando a dialogar com a proposta de criar cenas temáticas sobre os seguintes assuntos:

1. Quem tem medo do psicodrama?
2. Um sonho parado no ar.
3. Construir pontes ou muros.
4. A fotografia de minha família.
5. O que fazer com o preconceito.
6. Tema livre, com escolha própria e original.

Durante esse período, brotaram depoimentos de vida, confidências, histórias pessoais, tendo a emoção como matéria-prima. Esse tempo aconchegante de narração é, em si, muito terapêutico.

Reo teve a interessante ideia de convidar as pessoas presentes no mezanino (contexto social) a participar da montagem de uma cena própria. A tentativa valeu pelo caráter experimental, mas não foi coonestada, muito provavelmente por falta de aquecimento específico dirigido ao setor. Mas ficou plantada a possibilidade, a ser testada em outra oportunidade.

O grupo 1 escolheu o tema "Construir pontes ou muros", o grupo 2, "Um sonho parado no ar", e o grupo 3 preferiu criar seu próprio tema: "Choque de torcidas de futebol".

Distribuí os temas aqui arrolados como forma de aquecimento intelectivo e/ou temático, porém dei liberdade aos grupos para que criassem coisas originais. Registre-se que naquele fim de semana não vivemos nenhum acontecimento social traumático, o que exigiria outro tipo de atenção.

Passemos às representações.

O grupo 1 entrou em cena formando duas alas, com seus membros posicionando-se frente a frente, com os braços entrecruzados par a par. Cada um deles bradava palavras de intenções antagônicas: intolerância/tolerância, egoísmo/acolhimento, indiferença/confiança, agressividade/amizade, dureza/flexibilidade, preconceito/respeito, autoritarismo/democracia, ódio/disponibilidade, vazio/amor, silêncio/aprendizado. Um último participante veio correndo e se lançou, confiantemente, sobre os braços entrelaçados, gritando: "Liberdade!"

A cena, de bela forma estética, foi muito aplaudida.

O grupo 2 apresentou um homem desejoso de ser livre, seu grande sonho. Alguns companheiros interceptavam-no com frases de escárnio e derrotismo: "Você não vai conseguir"; "Você tem traumas de infância"; "Você é um coitado". Outros o incentivavam a buscar e a realizar o seu desejo. Há um tumulto, um corpo a corpo, com cada detentor de certa opinião puxando-o para si. Na luta, o homem consegue desvencilhar-se e sai caminhando sozinho, altaneiro e vitorioso. Houve aplausos.

O grupo 3 apresentou duas torcidas de futebol – do Corinthians e do Palmeiras –, que trocavam insultos e agressões físicas, no plano simbólico. A cena foi perdendo a força, ficou sem conclusão e se esvaiu sem repercussão, ainda que no início tenha sido recebida com simpatia.

Para amarrar de maneira integradora o ocorrido até então, pedi a cada subgrupo que indicasse dois representantes para a formação de um quarto grupo, com a finalidade de sintetizar as representações levadas ao palco. Após algum diálogo, o novo grupo resultante decidiu por se mover agilmente pelo tablado, cantando a música O que é, o que é? ("Viver e não ter a vergonha de ser feliz"), de Gonzaguinha.

Na análise do que tenha se explicitado nessas representações, ressalta-se o sentimento de liberdade, correspondendo na prática ao que está na preocupação universal dos filósofos: a liberdade como modalidade fundamental do ser, em sua subjetividade, compondo a "natureza interna" do homem.

Podemos refletir com Sartre: "O homem está condenado a ser livre. Condenado porque não se criou a si próprio; livre porque uma vez lançado no mundo é responsável por tudo quanto fizer".

Em outro texto, já pude dizer: "exercer a catarse da liberdade é sinônimo de saúde mental".

Foi por aí que esse grupo caminhou de modo tão expressivo.

Antes de continuar o relato do que aconteceu posteriormente, com as etapas do compartilhar e do processamento, quero registrar como me inspirei e me comportei nessa minha primeira experiência de diretor de psicodrama público.

Devo deixar claro que conduzi o trabalho para apreender a sua expressão sociodramática. Essa foi uma conduta decidida eticamente, pois não aprovo a retirada inopinada de um elemento do grupo para ser "protagonista", pseudoprotagonista, sujeito à morbidez do grupo que prepara a armadilha e o holocausto para seu membro menos estruturado e mais fragilizado.

Então, percebe-se que trabalhei o grupo como um todo (sociodrama) e não privilegiei um só protagonista (psicodrama), pois, como nos ensina Luís Falivene , o protagonista *vero* é o que resgata o drama dos componentes do grupo pelo coinconsciente, num processo terapêutico por ele chamado de "projeto dramático comum", e que, no meu entender, exige médio e longo prazo de convivência grupal.

Ainda devo dizer que optei pela direção centrada na espontaneidade, como aprendi com Anna Maria Knobel, porém estando atento à sociometria e ao protagonismo.

Chegamos à etapa do compartilhar. Instruí a todos que expressassem numa frase o sentimento que os tivesse pego no coração.

Algumas frases foram anotadas, como: "É importante ter as rédeas de nossa vida em nossas mãos"; "Devemos ampliar o Dia da Consciência Negra (ocorrido na véspera) para Dia da Diversidade"; "Vamos criar pontes e derrubar os muros"; "Refleti sobre o lado bom e o lado ruim da Copa de 2010"; "A intolerância constrói muros"; "Estou aprendendo a ser mais leniente"; "Gostei muito do que vi e senti nessa minha estreia"; "Trabalhei a minha capacidade de aceitar o outro"; "É fácil construir muros, o difícil é fazer pontes entre os humanos"; "Sou novato aqui, tive medo, foi tudo muito novo, o muro é alto, gostei muito de participar".

Duas frases merecem destaque aqui, para uma reflexão posterior: "O meu tema seria 'Quem tem medo do psicodrama?', mas fui voto vencido. Explico o porquê: fiquei com muito medo do psicodrama, porque não sei viver em grupo".

Espero que esse paciente volte ao CCSP e continue a realizar o seu sociodrama semanal.

E a outra frase: "Fiquei contrariado com tudo que ocorreu aqui, tive a sensação de que havia um patrão nos dirigindo".

Numa sessão psicodramática processual, essa expressão edípica poderia ser esmiuçada de alguma forma, mas talvez em outra oportunidade e em outros lugares.

Encerrei a sessão convidando-os a uma confraternização no tablado, ao som do baião de Luiz Gonzaga, o que ocorreu com ampla adesão.

Por fim, propus um "processamento", dado o número de estudantes e profissionais presentes, porém aberto à participação de quem o desejasse. Sem dúvida, uma iniciativa heterodoxa.

Sentei-me próximo da plateia e coordenei uma interessante experiência, a qual poderíamos chamar de "sessão tira-dúvidas".

Um participante assíduo perguntou sobre os limites éticos do método psicodramático, já que trazer suas questões íntimas a um espaço público era algo que o preocupava. Tive a oportunidade de explicar a ele a diferença entre psicodrama e sociodrama, e Reo

146 Wilson Castello de Almeida e José Roberto Wolff

fez uma intervenção oportuna, para garantir que os profissionais ali envolvidos tivessem uma formação ética e condições técnicas para conduzir a terapia coletiva sem ofender valores individuais, bem como para assegurar que a equipe tivesse condições de manter a atenção e prestar socorro em crises emergenciais.

Outro participante, profissional da área, perguntou por que eu, o diretor, havia atendido a solicitação de um paciente, mudando o roteiro supostamente programado no preaquecimento. Respondi mais ou menos assim: "Não me senti desautorizado nem manipulado. É necessário ter cuidado e bom senso na direção de um grupo. Não houve ruptura radical na condução do trabalho". E o lembrei de que o grupo aceitou a ideia, aderindo e subindo ao palco.

Uma das perguntas levantou uma questão técnica: o processamento deve ser exclusivamente metodológico ou permite dúvidas subjetivas? Diante da complexidade da interrogação aparentemente simples, optei por afirmar que, dependendo da avaliação realizada, eu utilizaria as duas técnicas, como, aliás, estava fazendo naquele momento.

Outra questão, de teor delicado, foi levantada. Um rapaz relatou o caso de um garoto que fora estuprado na infância – garoto de programa, envolvido com drogas e que tentara se suicidar, mas que "mudou de vida", arrumou um emprego e sofreu um acidente, que o deixou com sequelas físicas e emocionais – e indagou se seria possível superar os traumas e se o psicodrama poderia ajudar.

Esclareci a ele que a pessoa deveria, primeiro, realizar entrevistas individuais com um psiquiatra ou psicólogo, de qualquer linha terapêutica, para definir o tipo de tratamento a ser feito. Depois, participando de grupos de psicodrama público, essa pessoa não identificada estaria apta a decidir como e quando esses acontecimentos deveriam ser divididos com o grupo.

Introduzi o conceito de "resiliência" – capacidade pessoal de cada um de reparar os traumas da vida, com a retomada de algum tipo de evolução afetivo-emocional.

O tema promoveu alguma discussão, sem prejuízo do seu entendimento. Entendi que, mesmo posta em plano conceitual, a resposta foi cuidadosa, calando bem para a plateia e para o indagador. Na verdade, essa intervenção se deu em momentos diferentes. Deveria ter ocorrido na etapa do compartilhar. Mas não a desqualifiquei, na etapa do processamento, porque acredito que essa chance de fazer uma narrativa de tal teor, mesmo com um colorido de "atuação", tem valor terapêutico, catártico, o que permite à pessoa assumir um lugar no mundo social, humanizando-se.

Aqui, o trabalho foi encerrado.

Fiquei muito satisfeito com a minha participação; pretendo voltar mais vezes ao CCSP na condição de diretor, pois já participei de vários eventos com meu lugar na plateia. Tenho certeza de que ali está se formando um laboratório de excelência em pesquisa psicossocial.

Processamento do psicodrama público ocorrido no CCSP em 21/11/2009

José Roberto Wolff

O SOCIODRAMA, JUNTO COM a psicoterapia de grupo e o psicodrama, constitui um dos métodos da sociatria, ciência criada por J. L. Moreno. De acordo com a proposta de Moreno, a sociatria promoveria a terapêutica das relações sociais. O sociodrama é um tipo especial de terapia, em que o protagonista é sempre o grupo e as pessoas estão ali reunidas por algum objetivo comum. Esse grupo pode ser de pessoas que trabalham, estudam ou vivem juntas, e o sociodrama será então um processo, ou o grupo é formado apenas em um evento, constituindo-se então num ato terapêutico.

O trabalho realizado no CCSP em 21 de novembro de 2009, sob a direção do Wilson Castello de Almeida, enquadra-se no segundo tipo, ou seja, um ato terapêutico com início, meio e fim.

O diretor começa explicando para o público a questão dos contextos, do ponto de vista de Moreno, mostrando que o contexto grupal havia se estabelecido entre aquelas pessoas, que, vindo do contexto social, concordam em participar da atividade que ele proporia.

A seguir, o Wilson começa um aquecimento inespecífico, propiciando a interação das pessoas por meio das perguntas e da movimentação corporal, favorecendo o reconhecimento de si e do outro. Prossegue o aquecimento inespecífico verbal com as perguntas mais focadas no psicodrama no CCSP.

É feita nova proposta pelo diretor, que convida as pessoas para o palco, ou seja, propõe-se deixar o contexto grupal e passar para o dramático. O convite é modificado pelo grupo e todos sobem ao palco. Começa, então, um aquecimento inespecífico corporal, com música e dança de roda, ao som de *Minha ciranda*, de Capiba, proporcionando a interação das pessoas por meio do caráter lúdico da dança de roda.

O diretor pede que se formem três grupos e distribui temas a serem escolhidos e discutidos pelos grupos. Dessa maneira, a opção feita é mais diretiva, deixando que o grupo escolha, mas dentro de uma proposta controlada. Claro que o grupo, sendo criativo, ao se aquecer com os temas propostos, pode ir muito além da proposta inicial.

O primeiro grupo escolheu o tema "Construir pontes ou muros?". O segundo grupo optou pelo tema "Um sonho parado no ar". E, finalmente, o terceiro criou o seu próprio tema: "Choque de torcidas – Corinthians x Palmeiras".

Passou-se, então, à dramatização propriamente dita.

Na primeira dramatização, o antagonismo entre as pontes e muros é enfatizado por palavras opostas, e a trama finaliza-se com o grito de liberdade, num salto de franca entrega sobre os braços entrelaçados dos membros desse grupo, o que fez o público aplaudir.

Na dramatização realizada pelo segundo grupo, o protagonista apresentado quer ser livre – seu grande sonho –, mas é interceptado pelos outros integrantes do grupo, que o desencorajam e desanimam. A luta fica evidente e polarizada; no final, o sonhador consegue vencer as resistências e sair livre e feliz.

No terceiro grupo, apresentam-se duas torcidas de futebol em confronto; depois da troca catártica de insultos e agressões, o enredo perde a força e vai se desmanchando e se descaracterizando.

O diretor propõe, então, que cada um dos grupos indique duas pessoas para que se forme um quarto grupo, com a função de fazer a síntese do ocorrido. O novo grupo moveu-se agilmente pelo palco e cantou o trecho "Viver e não ter vergonha de ser feliz", de *O que é, o que é*, música de Gonzaguinha.

O sociodrama dirigido pelo Wilson esteve embasado em três pilares fundamentais: alegria, elo terapêutico que uniu as pessoas e deu o tom de todo o trabalho; liberdade, que permeou vários momentos, desde o aquecimento até a dramatização; e simplicidade, já que é no simples que reside, muitas vezes, o segredo do trabalho terapêutico, tanto no aspecto sociodramático como no psicoterapêutico.

O Wilson dirigiu o sociodrama com muita serenidade, firmeza e simplicidade. Sua serenidade possibilitou ao grupo encontrar seu verdadeiro ritmo. A firmeza garantiu que os parâmetros grupais fossem mantidos e respeitados. E, finalmente, a sua simplicidade foi fator de grande importância para que se manifestasse a espontaneidade.

Esse trabalho de direção me fez lembrar o epitáfio de J. L. Moreno, com o qual quero finalizar meu comentário: "Aqui jaz aquele que abriu as portas da psiquiatria para a alegria".

Capítulo 9

A arte de não interpretar interpretando: a construção de dramaturgias ancoradouras na formação de psicodramatistas

Milene Féo

À primeira vista, o céu estrelado impressiona por sua desordem: um amontoado de estrelas, dispersas ao acaso. Mas, ao olhar mais atento, aparece a ordem cósmica, imperturbável [...], cada estrela no seu lugar [...]. Mas vem um terceiro olhar: vem pela injeção de nova e formidável desordem nessa ordem; vemos um universo em expansão, em dispersão, as estrelas nascem, explodem e morrem. Esse terceiro olhar exige que concebamos conjuntamente a ordem e a desordem; é necessária a binocularidade mental, uma vez que vemos um universo que se organiza desintegrando-se.

Edgar Morin[1]

Introdução

SERES HUMANOS SÃO "INTERPRETADORES" dos fatos que os rodeiam desde os primórdios de sua aparição no universo. O fato de a abordagem psicodramática não valorizar a interpretação como ferramenta de trabalho não garante que a equipe de psicodramatistas e os participantes de uma sessão socionômica não interpretem os acontecimentos. Querendo ou não, a busca do entendimento das coisas tende a se impor nas relações humanas, onde quer que elas aconteçam – portanto, também durante uma sessão socionômica.

---

[1] *Ciência com consciência*. 4. ed. rev. Rio de Janeiro: Bertrand Brasil, 2000, p. 195

A arte de não interpretar interpretando **151**

Desconsiderar essa tendência humana é arriscar colocar nossas sessões a serviço da validação de verdades do senso comum, das ciências, das dinâmicas institucionais, sociais, grupais e pessoais constituídas, sem critério algum, navegando às cegas, certos de que vemos ao longe. É desconsiderar que as interpretações dos fatos também os constituem.

Mas fica a pergunta: o que fazer com essas interpretações que teimam em brotar, mais e mais, durante nosso trabalho? E também, o que ensinar aos nossos alunos sobre isso?

A experiência que relato a seguir, ocorrida com alunos em formação de psicodrama nível I, segundo ano, na disciplina denominada "Exercício de direção psicodramática", pretende expandir a visibilidade dessa questão no cenário psicodramático. Essa disciplina transita por três espaços diversos, tendo lugar:

- Na sala de aula, ocasião em que os alunos criam e analisam dramaturgias ancoradouras, que são um "mosaico" de cenas teatralizadas curtas. Elas são criadas com base em registros e ressonâncias de cenas espontâneas dramatizadas por alunos e diferentes plateias que tenham trabalhado temáticas comuns ou complementares, em atos ou processos socionômicos ocorridos anteriormente.
- Em espaços públicos, quando os alunos representam essas dramaturgias e também assumem o papel de egos-auxiliares durante um ato socionômico.
- Em salas virtuais, quando professores, alunos e ex-alunos são convidados a refletir sobre o trabalho público realizado.

Inicio, então, apresentando alguns "mosaicos" de pequenas dramaturgias criadas no trânsito entre esses três espaços, dedicando-me apenas a alguns registros escritos sobre o trabalho realizado, sem ainda aprofundar as bases desse instrumento, tarefa que deixo para outro momento.

Tais registros visam apresentar uma proposta de aprimoramento do "olhar" e da "escuta" sensível do diretor de psicodrama durante as sessões psicodramáticas que dirige. "Olhar" e "escuta" que pouco se atêm ao que de fato veem e ouvem logicamente, mas se deixam tomar pelo que afeta músculos e pele, gerando fantasias. Os registros pretendem oferecer suporte para o desenvolvimento de um tipo de competência necessária ao psicodramatista iniciante que busca navegar entre "amontoados" de cenas espontâneas produzidas durante uma sessão, evitando a precipitação de sentidos em relação às cenas dramatizadas, seja por parte do público com o qual trabalha, seja por parte da equipe de socionomistas. Pretendem também manter afiada a sensibilidade do aluno para o acompanhamento das mudanças de identidade grupal e pessoal ocorridas durante um processo ou ato socionômico, podendo tais registros ser usados como instrumento diagnóstico apropriado para o profissional que não deseja estagnar a compreensão de indivíduos e grupos, sempre em mutação.

Os modelos de registro propostos pressupõem preenchimentos entre as sessões ou depois delas, e não durante sua realização. Essa etapa equivale aos exercícios físicos praticados pelos esportistas entre os jogos de campeonato, com o intuito de prepará-los para um bom desempenho: a ideia não é fortalecer os músculos, mas a envergadura interior, a crença de que tudo vale a pena. Além disso, esses modelos de registro oferecem suporte para a construção de dramaturgias ancoradouras, esquetes dramatúrgicos articulados entre si cuja criação baseia-se em cenas espontâneas produzidas em sessões socionômicas já ocorridas com um mesmo grupo ou com diferentes grupos. Destinam-se aos profissionais e alunos em formação em busca de recursos para conduzir a direção sem atribuir significados precipitados às cenas espontâneas emergentes durante um trabalho socionômico. E também àqueles que pretendam expandir a consciência de suas interpretações, bem como de sua equipe e do próprio grupo com que venham a trabalhar.

Trata-se, pois, de ferramentas para aqueles que fundamentam sua prática no pressuposto de que tais interpretações, mais que do revelar verdades sobre os fatos em percurso, constituem os próprios fatos, e também de que o valor maior da cena dramática espontânea, assim como das diferentes interpretações feitas sobre ela, não está em seus significados, mas sim em sua capacidade de produzir novas cenas e com elas novos significados, valores e identidades pessoais e grupais.

Os registros como forma de aprimoramento do olhar e da escuta

Um grupo de alunos seleciona cenas espontâneas dramatizadas por colegas de outras turmas e também algumas que eles próprios haviam dramatizado em momentos anteriores. Todas elas tratam de uma temática comum: os desejos e temores de um psicodramatista iniciante quando assume o papel de diretor de uma sessão socionômica em que estejam presentes seus colegas de profissão. As cenas selecionadas são, então, reescritas pelos alunos, segundo a compreensão de cada um, interpretadas e fragmentadas, de forma que diferentes versões de um mesmo personagem sejam criadas, com o esclarecimento, em cada uma delas, dos pensamentos, ações e afetos, segundo o vértice de compreensão de cada um dos "analisadores" da cena. Dessa forma, um mesmo personagem se multiplica em dois ou mais, e um mesmo "analisador" de cena pode propor mais de um vértice de leitura, gerando a criação de novos personagens e tramas.

O registro considerado final para um grupo será aquele que mais integrar a diversidade de versões produzidas. O número maior ou menor de depoimentos sobre um tema não importa, bastando um para ser integrado como dado relevante, inclusive o do professor ou diretor da sessão. Essa ideia, quando lançada a alunos iniciantes, favorece um início de reflexão sobre o fato de que não importa quantos emitiram certa impressão sobre os acontecimentos, mas sim a força potencial do discurso, seja da maioria, seja da minoria. Se ele existe, ainda que não seja soberano, é importante, pois o discurso de um pode carregar a força que clama por mudança e não está sendo ouvida. Com qual paradigma se pretende trabalhar e o que se entende por ciência no contexto psicodramático são assuntos também introduzidos nessa fase de registro.

Vejamos um primeiro exemplo:

Quadro 1

Sessão 1, cena 1: King Kong
King Kong está acompanhado de uma bela mulher, por quem diz sentir um grande amor. À sua direita, não muito longe, alguém planeja lhe arrancar a pele, não só por puro prazer mas também para demonstrar o seu poder. "Afinal, alguém se orgulhará de ter a parede de casa decorada com a pele do enorme gorila." King Kong avista à sua frente a ilha do sossego – lugar sem desafios e imprevistos. Entre ele e a ilha, um rio, além de um bote disponível para o seu embarque e o de sua amada. King Kong está dividido. Entende que deve ficar onde está e passar a vida enfrentando os desafios das terras onde não há sossego. Porém, seu desejo é atravessar o rio e buscar a paz. King Kong mata o homem que deseja arrancar sua pele e segue para a ilha do sossego com a bela mulher.

Análise radiográfica dos personagens (P) e seus eus parciais (EP)

EP	P	Pensamento	Ação	Afeto
1	Matador de King Kong	Arrancar a "pele" de quem é forte dá prestígio	Tenta matar e é morto	Desejo de prestígio
2	Matador de King Kong	Arrancar a "pele" de quem é forte dá prazer	Tenta matar e é morto	Ódio e inveja de quem é forte
3	Matador de King Kong	O King Kong não sabe tudo que pensa saber	Tenta atirar essa verdade na cara do King Kong, para que ele perceba isso, e não consegue	Vontade de persistir em sua meta
3	Mulher do King Kong	Não expressa	Faz o que decide quem a ama e é forte	Não expressa
4	King Kong	Ficar para vencer quem quer me arrancar a pele ou ir para a ilha do sossego?	Mata em legítima defesa e vai para a ilha do sossego	Sentimento de derrota por não ter escolhido manter-se na luta, à espera do próximo inimigo

⇨

| 5 | King Kong | Ficar para vencer quem quer me arrancar a pele ou ir para a ilha do sossego? | Mata em legítima defesa e vai para a ilha do sossego | Prazer e sossego |
| 6 | King Kong | Chega de perder tempo com vampiros que sugam meu potencial criativo! | Mata em legítima defesa e vai para a ilha do sossego, ficando ficando aberto ao desassossego criativo | Esperança de inventar novos mundos e encontrar pares |

Interpretações

Vértice 1
– Aqueles que demonstram ter força para realizar trabalhos públicos geram inveja naqueles que não conseguem fazer o mesmo.
– Os invejosos, ressentidos, sempre que possível vão querer arrancar a pele daqueles que se expõem e mostram que sabem, que podem.
– Se queremos sossego, melhor que ninguém perceba nossa competência e força. Só assim teremos uma roda de amigos com os quais possamos conversar fraternalmente!
– Se queremos sucesso, melhor não sonhar em ter amigos de verdade.

Vértice 2
– Uma maneira de fazer sucesso é mostrar-se melhor que aquele que já tem sucesso. O agressor tentou vencer o King Kong para ter prestígio com base no insucesso dele. Quis fazer do King Kong escadinha e se ferrou.
– King Kong abandonou o ringue para não se arriscar a perder a próxima luta. Saiu antes de descobrir que havia outro mais forte que ele.

Vértice 3
A força do King Kong representa seu saber, que garante uma direção de sucesso diante dos colegas. O matador é o mensageiro que denuncia o seu não saber. Para evitar lidar com seu desconhecimento, King Kong sai de cena e não enfrenta o não saber.

Vértice 4
Ah, quanta desesperança! King Kong foi procurar sua turma, para conviver com quem lhe queria bem e seja forte como ele. Juntos farão um mundo melhor. Na ilha do sossego fabricam-se novos mundos. É uma zona autônoma temporária. Quando forem tomados por desesperança, King Kongs andarilhos seguirão para novas terras, férteis. Vai dizer que isso não é possível?

Quadro 2

Sessão 2, cena 2: Conversa em roda na favela
Ao lado do rio, em uma favela, homens e mulheres sentados em círculo conversam despreocupados. Ignoram um morto largado às moscas do lado de lá do rio. Alguém de fora do grupo traz o morto para o centro da cena. Ignoram-no. Reina a paz entre eles. Um dos membros apoia os pés sobre o morto, como se ele fosse uma mesinha de centro. Um detetive, disfarçado de membro da comunidade, sugere que o morto talvez esteja vivo. Alguns membros se afastam da rodinha da conversa por temer ser responsabilizados pela morte daquele homem. "Pode sobrar pra mim", dizem um e outro, mantendo-se distantes do morto e da roda. Porém, de longe, continuam a espiar os acontecimentos. Outros seguem ignorando o defunto, como se nada houvesse acontecido.

Análise radiográfica dos personagens (P) e seus eus parciais (EP)

EP	P	Pensamento	Ação	Afeto
1	Morto	Nenhum	Nenhuma	Nenhum
2	Morto	Não tenho mais com quem contracenar; só o que sei é destruir King Kongs	Nenhuma	Impotência
3	Denunciador do morto	Todo mundo tem de ver o morto; não podem fingir que não veem	Coloca o morto na frente de todos	Rigidez
4	Pé no morto	Nenhum	Conversa em roda. Usa o morto como objeto de descanso para as pernas	Paz
5	Tô fora	Tem um morto ali; vão achar que fomos nós que matamos; não quero me comprometer, senão sobrará para mim	Afasta-se do grupo, mas fica olhando de longe	Receio de se comprometer; desejo de olhar a cena; indignação com o fato de seus parceiros não temerem que sobre para eles

A arte de não interpretar interpretando **157**

Interpretações

Vértice 1
Ao desistir de assumir o desafio de dirigir uma sessão, King Kong morre no que diz respeito ao seu potencial de existência profissional. Empobrece, inclusive literalmente. Vai morar na favela. Triste fim de quem se condena à invisibilidade no mundo das vitrines e da fama. Alguns temem ser responsabilizados por essa morte, tal como estava sendo o agressor na cena anterior.

Vértice 2
Nos dois mundos, o do sossego e o do desafio, reina a descrença na possibilidade de uma boa ou má direção ser acolhida com respeito pelos colegas, gerando trocas que favoreçam o crescimento profissional de todos.

Vértice 3
Morre o lado burro e carente do King Kong, que buscava amor e reconhecimento entre os que não tinham isso para dar.

Na segunda sessão de análise de registros com o grupo em questão, obtivemos o seguinte:

Quadro 3

Sessão 2
Cena 1: Uma represa com água contida.
Cena 2: Um grupo de alunos tenta ultrapassar uma barreira, que simboliza o medo de dirigir diante de colegas, e não consegue. Do outro lado, uma aluna que já ultrapassou esse obstáculo chama carinhosamente aqueles que ainda não o fizeram. Ao seu chamado, eles vão ultrapassando a barreira, um a um, sendo recebidos pela aluna de forma acolhedora.
Cena 3: Uma mulher diante do espelho diz: "Espelho, espelho meu, existe alguém mais linda do que eu?"
Cena 4: Personagens desdenham-se entre si. Uns se acham melhores que os outros, outros piores que todos. Uns são supervisíveis, outros "tijolos" invisíveis, parados no meio da cena, sem ação, apenas assistindo.

Análise radiográfica dos personagens (P) e seus eus parciais (EP)

EP	P	Pensamento	Ação	Afeto
1	Represa	Não posso explodir	Contém a explosão	Nenhum

⇨

2	Alunos com medo	Conflito: não quero expor meus erros e quero aprender; mas, se ela me chamar carinhosamente, eu irei	Ultrapassam a barreira	Temor, obediência, necessidade de agir segundo aquilo que é considerado politicamente correto
3	Aluna que ultrapassou a barreira	Meu amor lhes ofertará coragem para que ultrapassem a barreira	Chama-os para que ultrapassem a barreira e os acolhe com atitude de carinho e ternura	Orgulho pela realização
4	Mulher diante do espelho	Eu tenho de ser a mais linda	Pergunta ao espelho se é a mais linda	Expectativa, tensão, temor da resposta do espelho
5	O tijolo invisível	Eu sou um tijolo invisível e sempre serei	Fico de lado e assisto à cena	Nenhum
6	Os bons	Nós somos os bons	Risos de desdém àqueles que não são tão bons	Superioridade e desdém

Interpretações

Vértice 1

A solução aqui parecia ser que os mais corajosos enfrentassem o desafio da direção e estimulassem carinhosamente os mais temerários. Não deu certo. Não basta ter coragem. É preciso ir lá e fazer bem. Lógico! Se fizermos algo "meia-boca", malfeito, o espelho dirá que não somos bons. Só conseguimos nos lançar quando temos a garantia do sucesso. Só queremos ver coisas boas em nosso espelho.

Vértice 2

Se fizermos uma má direção, não haverá esperança alguma de que nossos colegas não desdenhem de nós. Quem vai, vai por obediência, pois os fortes chamam e pega mal não ir. Melhor é sempre ficar meio invisível, só olhando os acontecimentos, assim não nos mostraremos e não seremos criticados.

Vértice 3

Não seria a hora de pensarmos em como ajudar o público que pretendemos servir, em vez de ficarmos apenas diante do espelho?

Destaco que, durante as primeiras fases desses registros, é muito importante que o professor esclareça que não existe correspondência entre personagens e pessoas do grupo. Essa etapa envolve a abordagem de um papel social, coletivo, e, portanto, o trânsito por um imaginário grupal, com, possivelmente, diversas tendências, mesmo que opostas, habitando o eu pessoal de cada um, sem que isso os defina, funcionando como identidade. Se isso não ficar claro, a hostilidade no grupo pode começar a se acirrar, mesmo quando este não criou a história – apesar do caráter mais ameno, neste caso.

É importante também, entre uma dramatização e outra, entre uma análise de registro e outra, parar e retomar o paradigma que sustenta o exercício. É necessário esclarecer o lugar das interpretações que estão sendo feitas; do contrário, elas podem parecer trocas indelicadas.

Faço isso agora neste texto, com a mesma intenção.

O lugar das interpretações em uma sessão socionômica

Imagine-se sozinho em um mundo completamente desconhecido. Você ali é um estrangeiro, sem possibilidade alguma de contatar qualquer pessoa do mundo que habitava anteriormente. Está sem dinheiro, telefone, internet e endereço para retorno. Seu passado pertence só a você. Ninguém à sua volta compartilhou sequer um átimo de segundo de sua vida antes do presente momento. Muito menos projetou qualquer plano para o futuro que o envolva. Ao seu redor, um amontoado de ocorrências a emitir sinais diversos, fazendo que você aja de forma inesperada, inédita, diferente de seus hábitos e costumes e provocando sensações em seu corpo, sendo que você não compreende seus significados. Você nem ao menos se reconhece nesse novo lugar e não há nenhuma pessoa munida de alguma sabedoria para lhe dizer o que está acontecendo.

Nessas condições, é fácil ser tomado por uma insegurança incontrolável, ansiar por um mestre ou um saber maior que a tudo responda e tudo explique. O terrível e ao mesmo tempo espetacular dessa história é que você não conta com toda a "sabedoria" adquirida por você e por seus ancestrais e, portanto, não pode usá-la para tentar dominar esse novo mundo ou evitar que ele o domine. Só resta manter-se em absoluta sintonia com os movimentos dele, percebendo a forma como o afetam, procurando interpretá-los, na tentativa de encontrar alguma ordem que advenha do próprio mundo e do que ele provoca no aqui e agora.

Essa situação ficcional talvez se aproxime da aflição de alunos em formação em psicodrama quando se veem diante do desafio de dirigir uma sessão sem se basear em referências teóricas precisas, as quais lhes possibilitem interpretar as cenas espontâneas emergentes. E talvez se aproxime também da vivência de nossos ancestrais nos primórdios da História, sem poder contar com referências anteriores para interpretar os acontecimentos ao seu redor. É bem possível que, desde esses tempos, tenhamos sido animais interpretadores de tudo que nos rodeia, na busca de acalentar as aflições próprias ligadas ao encontro com o desconhecido.

De certa forma, seria confortante se pudéssemos de fato acreditar que toda cena dramática emergente em uma sessão carrega em si um sentido último, bastando disciplina e estudo para aprender a decifrá-la. Analisaríamos suas "folhas" e "caules" e, por meio do método, alcançaríamos as raízes em que habita o significado profundo de todas as coisas. Seria assim se o mundo fosse estático, mas ele se mantém em mutação, momento a momento, apesar de nós, e, o mais irônico, também com base em nós: em nossas interpretações atribuídas a ele, como bem ilustra Foucault em seus estudos sobre loucura, sexualidade, liberdade vigiada e punição. Com a tentativa de segurar o movimento do mundo, buscando torná-lo cognoscível, ele reage, tornando-se outro, com novas contradições, anseios e porvir. E não reage do fundo de suas profundezas. Reage rasteiro, em diferentes sentidos, sentidos esses que nos escapam.

Diante disso, tendemos a recortar fragmentos da realidade que pensamos compreender, deixando de lado tudo que insista em se mostrar como diferença, evitando assim desconfortos. Se nos falta envergadura interior para nos manter permeáveis ao novo que se apresenta, seguimos atribuindo sentidos precipitados a todas as coisas. Especialmente àquelas que afetam e questionam nossa identidade pessoal e a dos grupos aos quais pertencemos.

A arte de não interpretar interpretando **161**

De todos os animais, estamos entre os mais frágeis. Não nascemos King Kongs, ou quaisquer outros seres assim tão poderosos. Nascemos sem garras, sem chifres e dependentes de cuidados básicos para nossa sobrevivência por um período muito maior que muitos outros animais (o que provavelmente inaugura emoções singulares na raça humana). Depois de crescidos, continuamos necessitando pertencer a um bando, não só pela força e segurança que isso nos proporciona mas também pela "sabedoria" adquirida por meio desse mesmo elemento coletivo. Guiar-nos pelas verdades grupais instituídas nos alivia a angústia e a ansiedade de traduzir, momento a momento, os acontecimentos à nossa volta, ainda que a cada dia eles se mostrem em suas diferenças. Tendemos a traduzir o novo tomando-o pelo antigo, e assim controlamos nossas aflições diante do desconhecido ou do que ameace nossa identidade.

Fazemos essa tradução sem esforço, reproduzindo representações automaticamente. Construímos territórios que configuram, *a priori*, limites de ação, pensamento e afeto que não são topográficos, mas sim resultado de aprendizagens semióticas locais e específicas. E identidades pessoais que nos tranquilizam, de modo a não termos de decidir a cada dia exatamente como agir e pensar. Nossas invariâncias nos tornam previsíveis aos nossos olhos e aos olhos de nosso bando, e assim seguimos tentando garantir uma zona de conforto, o paraíso sempre perdido. E quando nos vemos diferentes do que parece o mais belo ao nosso bando, quanta vergonha, quanta autoacusação! Não há cultura que acolha todos os gatos que miam em nós e clamam pelo que se julga bom ou mau. Muda-se a cultura e, mutantes, nossos gatos assumem novas formas. Se é sempre assim, por que não, em vez de atirar o pau no gato, afagá-lo, ouvir seus miados e contê-lo quando necessário? Talvez seu miado seja protagônico. Embalados pelo seu ritmo, quem sabe nos animemos a inventar novos mundos.

Uma possível dramaturgia ancoradoura: integração de registros

Com o intuito de fortalecer "meninas e meninos novidadeiros", venho trabalhando com o recurso de construção de dramaturgias ancoradouras, nome que criei em 1998 para denominar esses mosaicos constituídos por cenas curtas elaboradas de forma sistemática, cuja criação baseia-se em registros e ressonâncias dramatizadas de diferentes cenas espontâneas produzidas durante sessões socionômicas ocorridas em tempos anteriores. Tais cenas espontâneas pretéritas, selecionadas como material bruto para a criação de dramaturgias ancoradouras, são reproduzidas por um mesmo grupo ou por diferentes grupos, com realidades comuns ou complementares. Os autores das dramaturgias ancoradouras, na fase de registro, análise e construção, podem ser o próprio público-alvo do trabalho, parte dele ou a equipe de psicodramatistas responsável pelo trabalho socionômico em questão.

É, pois, chegada a hora de construir uma dramaturgia ancoradoura. De diversas cenas analisadas, tais como as anteriormente citadas, surgem os seguintes esquetes que pretendem integrar os diferentes registros e dramatizações trabalhados com os grupos de "analisadores".

Quadro 4

Autores	Dramaturgias ancoradouras: criação espontânea
Subgrupo 1, consonante entre si	Algumas pessoas deitadas, duas em pé. Estas se questionam se os deitados estão vivos ou mortos. Colocam um espelhinho embaixo do nariz de cada um deles, o qual não embaça. Estão mortos. Um deles se movimenta, conversa com os outros mortos, que respondem. Todos garantem: estamos mortos. Os que estão em pé, ao entenderem que os mortos estão agindo como vivos, passam a agir como mortos. Deitam-se. E os mortos, especialmente um, passam a agir como vivos.
Subgrupo 2, consonante entre si	Alternam-se dois personagens em cena. Ambos cantam: "Atirei o pau no gato, tô, mas o gato, tô, tô, não morreu, reu, reu; dona Chica, cá, admirou-se, se, do berro, do berro que o gato deu: MIAU!" Cada um experimenta diferentes formas de cantar para o público, porém um deles sempre agrada, e o outro nunca. Assim, o desempenho daquele que faz mais sucesso com o público vai melhorando cada vez mais, e o do que não faz vai piorando. O primeiro vai ficando mais contente, o outro mais triste e desesperado.

⇨

Grupo todo	Alguém atira o pau no gato, mas o gato não morre e dona Chica fica olhando, assustada, admirada e com certo prazer em assistir àquela violência.
Grupo todo	Vários gatos movimentam-se em um mesmo ambiente. Um deles ocupa o centro da cena. Ele busca comer um rato que está dentro de um tênis. Alguns gatos, ao perceberem esse acontecimento, partem também em direção ao tênis para lutar pelo rato, utilizando diferentes estratégias. Para alguns, basta comer uma "perninha" do rato. Outros querem comer sozinhos o rato todo. O gato que iniciara a captura do rato, ao se aperceber da forte concorrência, se dá conta de que, na melhor das hipóteses, terá de dividir o que pretendia comer sozinho. Parte então em busca de um passarinho, que pretende comer todinho, deixando o restante do grupo de gatos na luta pelo rato. Gatos que apenas assistem aos acontecimentos também fazem parte da cena.

Quadro 5

Autores	Dramaturgias ancoradouras: criação espontânea
Subgrupo 1, consonante entre si	Mulher diante do espelho, o qual revela o que não quer ver sobre si mesma, tampouco deseja que outros vejam. Diante de um terceiro que se aproxima, cobre o espelho.
Subgrupo 2, consonante entre si	Esquete 1: Um faxineiro limpa a sala de balé. Quatro bailarinas ensaiam. Uma professora-coreógrafa aponta defeitos nas performances de todas, menos na daquela que considera perfeita. Três são reprovadas. A primeira sai chorosa e desconsolada; a segunda, raivosa e ressentida, entendendo que havia sido reprovada por ser pobre; e a terceira, que já estava quase dormindo no palco durante a prova, sai bocejando. A bailarina perfeita apenas reage às ordens da professora, sem nenhuma expressão facial. A professora sai de cena, a música para e o faxineiro guarda a bailarina no armário, mostrando que era uma boneca.

⇨

Grupo todo	Esquete 2: A academia de balé vai à falência. Quem a compra é uma pessoa que já foi humilhada pela coreógrafa. Hora da desforra? Nem tanto. Ela precisa aprender a ser fina e elegante como a coreógrafa.
Subgrupo 2, consonante entre si	Esquete 3: Dona Chica olha da janela e denuncia exatamente o que os sete personagens tentam esconder: gula, avareza, ira, inveja, soberba, luxúria, preguiça.

Exploradas essas cenas dramaticamente, passamos a verificar a semelhança dos personagens criados pelo grupo em questão com as cenas anteriormente analisadas. Seguem alguns exemplos:

Quadro 6

Mapa dos eus parciais de personagens e interpretações	
Personagem	O gato que mia
Pensamento	Não pensa
Ação	Mia; busca saciar seus desejos
Afeto	Fome de tudo
Personagens similares de outras aulas	– Maria, que sempre é tomada por intenso desejo sexual; nada a sacia – O gato que quer comer o rato sozinho – João, cliente de um grupo de terapia, que se mostra pouco aberto a ouvir o que quer que seja, exceto a confirmação de suas verdades – A professora de balé que quer que suas alunas sejam a extensão de seus desejos – King Kong, que resolve ir para a ilha do sossego sem consultar a amada, levando-a consigo; faz o que quer com ela – O miado da gata no cio

⇨

A arte de não interpretar interpretando **165**

Interpretações
Vértice 1 – Estamos vivos, temos instintos antissociais, tendências egoístas, selvagens. Somos vorazes, insaciáveis, vaidosos, narcísicos. – Queremos ser admirados, invejados, aprender tudo, fazer tudo muito bem e mandar em todo mundo. "O inferno são os outros!" **Vértice 2** – Gatas no cio miam e deixam bem claro o que desejam com o seu miado. Com isso, declaram que não são autossuficientes, que precisam de algo exterior a si para saciar seu desejo. Se pudéssemos miar nosso querer sem tanta vergonha, talvez conseguíssemos parceria para realizar alguns de nossos desejos. Nesse miado encontramos a nossa cena inédita.

Quadro 7

Cartografias de conglomerados de eus parciais do grupo de personagens	
Personagem	Atirador do pau no gato
Pensamento	Gatos devem ser extintos por serem puro instinto
Ação	Atira o pau no gato
Afeto	Irritação porque o gato não morre; vontade de continuar atirando
Personagens parceiros	– Mulher diante do espelho, o qual revela o que não quer ver sobre si mesma, tampouco que outros vejam. Diante de um terceiro que se aproxima, quebra o espelho. – Alguém que vomita por não conseguir digerir o que vê de si mesmo. Um atirador que, com um revólver na mão, faz esse alguém engolir o próprio vômito. De forma imperativa e selvagem, exige que ele se apodere dos próprios horrores e se torne "melhor".

⇨

Interpretações
– Queremos extinguir nossos "gatos" para que todos vejam em nós apenas o que consideramos adequado e competente. – Precisamos nos punir por termos gatos. Atiramos o pau nos nossos gatos. – Em vez de olharmos para nossos gatos, criticamos, malhamos o gato alheio. – Temos ódio das donas Chicas que ficam espiando nossos gatos. – Toda consciência de si mesmo é dolorosa e violenta (será?). – Precisamos contar e cantarolar para esse alguém e para esse atirador cantigas de ninar. Eles precisam de coisas que transponham o reino da lógica e das palavras. "Nana, nenê, que a cuca vem pegar..."

Quadro 8

Cartografias de conglomerados de eus parciais do grupo de personagens	
Personagem	Dona Chica
Pensamento	Eu não tenho gatos, os outros é que têm
Ação	Espia
Afeto	Prazer de ver o gato alheio em ação ou sendo atingido pelo pau; sempre que pode, lança o pau no gato para que ele perca seus encantos
Personagens parceiros	– Joana, que, em um grupo de terapia, demonstra prazer em ouvir informações sobre as intensas atividades sexuais de Maria. Considera que Maria pode fazer o que quiser por estar solteira. Passa a vida a se lastimar pelo insucesso de sua vida sexual, nada podendo fazer quanto a isso, exceto reclamar, desdenhar do marido por este não ser tão interessado em sexo como ela e sentir prazer em "assistir" às mulheres livres, que são donas do próprio corpo. – Gato da *Plateia A:* "Não vou tentar comer o rato porque não vou conseguir ganhar essa luta". – Gato da *Plateia B:* "Que ridículo ficar lutando por um rato dentro de um tênis". – Agressor do King Kong. – Rato que ruge e se delicia, pois, como é pequeno, ninguém se preocupa com o seu poder, e assim ele consegue acabar com o mundo, explodindo uma bomba. – Menina novidadeira.

⇨

Eus parciais grupais: inferências com base no personagem
– Todos temos uma dona Chica em nós, que espia o gato alheio para criticá-lo e não revelar os próprios gatos, ou que se sente inferior e incompetente para vencer os gatos alheios.
– Donas Chicas, às vezes, são perversas, perigosas, destrutivas.
– Nem sempre quem espia quer destruir, às vezes a pessoa apenas está com preguiça de agir, acha que não vale a pena. Ou espia em sinal de desesperança diante da humanidade.
– Precisamos inventar personagens que comecem a atentar para o bem que podemos levar ao outro. Só ficamos olhando para nós mesmos e nos criticando, tal como donas Chicas! "Espelho, espelho meu, existe alguém mais horrível do que eu?" Quanto narcisismo, não? Assim, do mundo e de nós mesmos só pegaremos o pior! Precisamos inventar personagens com um pouco mais de fé na possibilidade de o outro surgir como parceiro, não como concorrente que quer o nosso mal. Vamos chamá-lo para uma dança? Ok, o mundo não é moleza, mas é chegada a hora de acreditar um pouco mais. Olhar o nosso entorno como as meninas novidadeiras que Ana Bazílio[2] tão bem poetizou; vamos conjugar com ela o verbo esperançar?

Quadro 9

Cartografias de conglomerados de eus parciais do grupo de personagens	
Personagem	Gato que quer comer o rato sozinho
Pensamento	Se não posso comer o rato sozinho, como outra coisa, desde que só eu a coma
Ação	Decide comer outra coisa e parte em busca de um passarinho, saindo da competição pelo rato
Afeto	Vontade de comer tudo; rejeição à ideia de dividir o alimento
Personagens parceiros	

---

2. "O meu olhar é de menina/ Marota, maliciosa às vezes/ Sapeca/ Pesquisadora da vida/ O meu corpo envelhece/ Minha vitalidade diminui com o andar do tempo/ Mas meu andar pela vida é de criança novidadeira/ Cheia de argumentos pra trançar na vida/ Constituir a vida/ Esse olhar que sai de dentro tem sempre esperança/ E acredita na mudança para melhor/ É essa menina com olhar juvenil que me dá vida/ Me faz superar o tempo, a vida quando se faz chata, dura/ Obrigada, menina."

Interpretação
Precisamos criar personagens parceiros, que saibam dividir o rato e acolher o desejo do gato guloso. Espera, espera, espera, gato guloso, que a comidinha já vem. Eu sei, você quer já, tudo... Mas não vai dar. Gúdi, gúdi, gúdi. Vamos cantar juntos: "Atirei o pau no gato, tô, mas o gato, tô, não morreu..." Tá rindo, né? Vamos brincar de "passa anel" com a vizinhança?

Quadro 10

Cartografias de conglomerados de eus parciais do grupo de personagens	
Personagem	Gato que quer comer pelo menos a perninha do rato
Pensamento	Antes uma perninha do rato que nada
Ação	Insiste na competição pela captura do rato
Afeto	Esperança de conseguir ao menos parte do que quer
Personagens parceiros	
Interpretação	
Precisamos inventar personagens que criem estratégias comuns para comer o rato. Vixe, o rato não gostou! Pode ser uma cenoura? É sem graça? Como podemos fazer?	

Dramaturgias ancoradouras apresentadas em espaços públicos

Como vimos, o processo de criação das dramaturgias ancoradouras envolve dramatizações, registros que resultam em construção de textos e análises de *scripts* dramatizados, assim como a representação a um novo público, a quem caberá reconstruí-la. Constitui produto de autoria diversa e obra aberta, sempre inacabada. Abarca a criação irracional, livre, espontânea, mas também momentos de síntese e de elaboração grupal sistemática.

Os envolvidos nessa criação e interpretação de cenas não pretendem se tornar atores ou dramaturgos profissionais. São pessoas comuns, e seus produtos não pretendem competir com clássicos da dramaturgia, tampouco com o mercado de entretenimento. São resultado do trabalho de socionomistas interessados em expandir as possibilidades da ação dramática com indivíduos e grupos em contextos clínicos, educacionais e sociodramáticos.

Em 1998, comecei a trabalhar com a construção de dramaturgias ancoradouras com alunos em formação em psicodrama, visando apresentá-las a seus professores e colegas de outras turmas que estivessem realizando o curso de formação no mesmo período. Quando possível, segui com essas experiências com algumas turmas em anos posteriores. Na prática, após a apresentação da dramaturgia criada pela classe, em geral alguns alunos se alternam na direção do trabalho sociodramático, a fim de estimular os presentes a transformá-lo, estabelecendo um diálogo cênico sobre a produção apresentada. Assim, dramaturgias ancoradouras construídas por diferentes turmas já foram apresentadas para diferentes plateias. Estas interferiram em sua criação no dia da sessão socionômica em que foram apresentadas, e seus produtos passaram a servir de material bruto para a construção de novas dramaturgias, criadas por novas turmas. Muitas das dramaturgias criadas por alunos acolheram representações pessoais, grupais, institucionais, sociais e existenciais ligadas às delícias e aos temores de enfrentar a exposição pública, partindo dos conflitos relacionados com o desafio de dirigir sessões socionômicas sob o olhar de colegas, também psicodramatistas ou em formação.

Dramaturgias ancoradouras não pretendem trazer as cenas elaboradas e eventuais conflitos resolvidos pela equipe de "analisadores" e coautores que as produziram. Pretendem, isso sim, trazer conflitos condensados, de forma simbólica, procurando servir como duplos sociais, grupais e pessoais potentes. Quando isso não ocorre, há o risco de essa equipe tomar conta da sessão à qual seus membros foram para trabalhar, "roubando" certo espaço do público. Certamente, o grupo de "analisadores-autores" precisa experimentar cenas inéditas, mas não devem ser essas as cenas apresentadas para o público. Elas fazem parte do rico processo de criação e análise de criações próprias e de muitos outros colegas.

Nos últimos anos, temos apresentado as dramaturgias criadas pelos alunos também em espaços abertos ao público em geral. Foi o caso do grupo selecionado para o relato que se segue. Realizamos um trabalho no Centro Cultural São Paulo (CCSP) dirigido por mim e tendo como atores e egos-auxiliares: Plinio Bronzeri, Ana Maria Bazílio, Carolina Maroni, Graciana Nanci Álvares, Helio Pereira de Paula, Juliana Maldonado, Mariana Silveira (alunos do segundo ano). Claudia Fernandes, como participante do público, integrou-se às dramatizações realizadas e foi muito bem-vinda. No preparo da sessão participaram também Andrea Possato, Gabriella Forte Matsumoto, Paula Lima Freire e Maria Altenfelder. Saliento a importância do fato de que essa equipe alcançou mínima elaboração dos conflitos pelos quais transitou, só nesse caso sendo indicada sua participação como ego-auxiliar. Entendo que foi o que acorreu com os alunos que integraram a equipe analisadora na ocasião em que trabalhamos juntos no Centro Cultural, ainda que tivéssemos uma história a concluir entre nós. Isso fez que trabalhasse muito bem.

As dramaturgias apresentadas nessa ocasião, o dia do ato socionômico, foram:

- Gatinhos recebem instruções severas para rugir como leões. Ai deles se miassem tal qual lhes pedia a sua natureza! Um dos gatinhos ruge, e sua instrutora se enche de prazer e satisfação. Esse sim é um gatinho que merece a sua admiração! Não se percebe nenhuma manifestação de satisfação ou qualquer outra expressão de sentimento por parte do gatinho que ruge. Apenas ruge, petrificado.

- Uma bailarina realiza todos os desejos de sua rígida coreógrafa, com gestos e ritmo completamente mecanizados. Capturada pelo desejo do outro, a bailarina não tem viço, é apenas uma boneca que, ao final da aula, é guardada dentro de um armário, até o próximo ensaio. Apenas ela é aprovada pela coreógrafa para participar da apresentação. Três bailarinas são reprovadas. Uma delas sempre tem muito sono, e quase dorme na hora do exame. Não sente esperança, nem vontade de participar daquele "espetáculo". Outra, desajeitada, cai em cena e chora descontroladamente. A terceira considera que sua apresentação foi excelente. Quando reprovada, sai de cena raivosa, sentindo-se desprestigiada injustamente pela coreógrafa e perseguida por ser pobre e ter furos em sua roupa.

- Uma pessoa diante do espelho perde o controle da própria imagem. Ele lhe revela – e a quem passar por perto – o que não quer ver e mostrar acerca de si mesma. Com a vergonha instalada, a pessoa tenta esconder com um pano a sua imagem especular. Como não consegue, quebra o espelho.

- Uma mulher ressentida, que não se lança aos desafios da vida, vê o tempo passar da janela, dedicando-se a denunciar pecados capitais dos transeuntes que passam pela rua (avareza, gula e ira).

- Um faxineiro amarra todas as cenas, limpando tudo de "sujo" que emerge de cada um dos personagens.

Esquetes produzidos e ensaiados previamente foram representados enquanto os participantes adentravam na sala e também formalmente, no início do trabalho. O público ia entrando na sala e gatos miavam, bailarinas dançavam, donas Chicas espiavam. A partir daí, cenas diversas se repetiram e se transformaram durante toda a sessão, trançando dramaturgias ancoradouras e cenas espontâneas criadas pelo público.

As cenas da dramaturgia ancoradoura apresentada por eles potencializaram a emergência de outras tantas, ofertando um entorno simbólico e estético muito interessante para questões delicadas envolvendo relações entre pai e filho. Cenas com estilo realista trazidas pelo público e as cenas simbólicas trazidas pela equipe se imbricaram, multiplicando as possibilidades. Personagens da vida de cada um interagiram com as criações previamente construídas pela equipe. Um novo dialeto metafórico se instalou, acolhendo e gerando novos sentidos, impulsos e sensações relativos às coisas das quais falávamos e as quais dramatizávamos, experimentávamos.

A coisa toda tem início quando uma garota da plateia diz ter ficado incomodada com a cena da mulher diante do espelho. Ela sobe ao palco e passa a ser a mulher e também a imagem que a critica, alternadamente. Como imagem refletida, ela se critica por ser indecisa. Está em dúvida se deve ou não procurar o pai, que não lhe dá atenção (chora).

Cena vai, cena vem, e a filha se dá conta de que está agindo como a coreógrafa da cena das bailarinas, ao tentar fazer do pai a extensão do seu desejo, porém sem sucesso. E também como a instrutora de gatos, que impede que eles miem, conforme sua natureza, insistindo para que rujam como leões. Conclui que é um espelho crítico para o pai, tal como o é para ela mesma. Resolve afastar do espelho seu lado excessivamente crítico. Chama o pai para se olhar no espelho e ocupa o lugar da imagem refletida do pai. Dali, conta a ele que o considera alegre, leve e divertido. Conta também sobre sua vontade de se aproximar, do amor que sente por ele, de sua vontade de estar perto dele. Encontro entre pai e filha, com direito a choro, riso e abraços – no palco e na plateia. Simples assim, do jeitinho que a vida, bem de vez em quando, se apresenta (quando temos um tempinho para tal, baixamos a guarda e a crista).

O mais interessante nessa fase do trabalho foi a velocidade com que a garota transitou do papel da filha crítica ao daquela que se percebe crítica. E não foi de jeito nenhum uma performance "para inglês ver". Quem estava lá acompanhou o susto da menina quando se deu conta do lugar que ocupava e sua gratidão ao público e à equipe por ter podido rever sua forma de pensar.

Porém, a plateia claramente não acompanhou seu ritmo. Refez a cena várias vezes, o quanto precisou, repetindo o que já tínhamos dramatizado, mudando algo aqui e ali, sem que alguns percebessem que o desfecho sugerido já tinha sido dramatizado. Havia pessoas que queriam repetir a cena por acharem que a coisa tinha parecido mágica; outros sentiam a necessidade de construir sentidos diferentes para a cena, adaptando-a ao seu próprio drama. E o melhor é que tais repetições não fizeram que o restante do público se distraísse. Ao contrário: seguiram todos muito animados com as transformações sutis solicitadas em cada cena. Talvez também precisassem repetir, repetir, ou talvez tenham gostado de dar tempo ao tempo de cada um. Reinou ali certo ajuste de ritmo, não só emocional, mas também intelectual. Além do respeito ao jeito de cada um de sentir a cena e interpretá-la.

Assim, novos manifestantes grupais sobem ao palco e construem diferentes personagens no papel de pai, no contexto dramático. Alguns trazem a vergonha que sentem diante da filha por não serem pais ideais. Outros não querem se tornar soldadinhos de chumbo, sem vontade própria, mesmo que a transformação ocorra para manter o amor da filha. Querem poder "miar", ainda que a filha prefira que eles "rujam". Outros ainda não conseguem ou não sabem ser afetuosos e tampouco reconhecem a importância de oferecer a atenção solicitada por seus filhos. Nesse percurso, pais de vários "tipos" se irritam ou se afastam de suas filhas e filhos quando estes funcionam como espelhos a criticar sua imagem. Já quando param de criticar, a coisa começa a ficar diferente (nem sempre, mas muitas vezes).

Desdobramentos de cenas ocorreram, tais como:

- Uma mãe, ex-esposa de um pai ausente, critica o ex-marido por não cuidar da filha e também por querer manter relações sexuais com ela depois de findado o casamento. Após essa conversa, resolvem continuar sendo amantes, por entenderem que ainda se sentem atraídos um pelo outro, mesmo que a convivência marital cotidiana seja um fracasso. Concluem também que a filha já está grandinha e terá oportunidade de amadurecer caso busque o amor do pai por si mesma.

- Um filho de pai que não sabia agir com afeto e carinho (pai "soldadinho de chumbo") esclarece como foi devagarzinho desistindo do afeto do pai, entendendo que ele não podia lhe dar o que desejava. Passou a buscar em fantasias extraterrestres e em livros fontes para se tornar interessante e encontrar olhos no mundo que possam querê-lo e valorizá-lo.

- Um pai com hábitos que envergonham a filha combina com ela que evitará expor seu estilo de vida às suas coleguinhas, deixando claro, porém, que continuará vivendo como acha que deve. Compromete-se com o público a ajudar a filha a repensar sua dor e vergonha por ter o pai que tem e a vencer preconceitos que estão prejudicando a vida dela.

- Uma jovem garota diz que sempre pensou nos pais como pessoas que tolhem seus desejos e a criticam, e nunca se dera conta de como ela, como filha, os critica e tolhe sua forma de ser.

Sobre o compartilhamento, muitos dos tópicos iniciados na sala do evento prosseguiram em uma mesa de bar próximo do Centro Cultural, onde um número espantoso de participantes do público se integrou à equipe e seguiu conversando. Jovens, velhos e maduros; ricos, pobres e remediados; mais ou menos malucos, mais ou menos estudados; mais ou menos gatos, leões ou King Kongs. Juntos, sem crítica, sem desdém, rimos, trocamos amenidades, experimentamos o prazer da parceria sem rota definida.

Estou certa de que só pudemos experimentar esse clima, presente dentro e fora da sessão, porque, como equipe, suportamos navegar por mares por vezes tempestuosos, mas também amorosos, lúdicos, recreativos. Ressalto a importância de termos podido acolher certas críticas violentas, personificadas em nossas cenas. Ufa! E pudemos transformá-las tanto quanto foi preciso e a tempo. Sabíamos, no final desse dia de trabalho no Centro Cultural, que ainda precisávamos digerir algumas delas. Mas confiávamos no vínculo criado nesse percurso.

Levamos ao Centro Cultural nossos criticadores violentos e selvagens, mas, dentro de nós, já acalentados em nosso colo e por nossas cantigas ainda nem cantadas, em puro porvir. Comunicamos isso, provavelmente, não por palavras, mas por campos intensivos que não adquirimos em livro algum, tampouco alcançamos com as melhores interpretações. Nem mesmo em sessões de psicoterapia pessoal. Existem dores e delícias grupais das quais só nos damos conta lidando sociodramaticamente com elas. Moreno se fez estrela em meu universo ao me mostrar isso. Que bom que pudemos ancorar nossos barcos e juntos contemplamos nossas mais e menos nobres estrelas!

A arte de não interpretar interpretando 175

Não foi por acaso que adjetivei com a palavra "âncora" a dramaturgia resultante e geradora desse processo para diferenciá-la das cenas espontâneas criadas no aqui e agora sugeridas por Moreno. Pretendi valorizar o tempo da ancoragem, da parada no "porto", do intervalo no cotidiano, do dia reservado à contemplação da criação. Entendo que em nada essa parada adultera a exaltação do estado de presença máxima feita por nós, psicodramatistas; só a expande. Do contrário, estaríamos correndo o risco de ir em direção a terras diversas sem aprender com a experiência, sem atualizar desejos, necessidades e representações que fazemos de nós mesmos e do outro com quem convivemos. Ancorar o barco deve ser entendido aqui como momento de fomentação, em grupos e indivíduos que passam por essa experiência, de eus observadores que contemplem os acontecimentos de forma supramoral, entre uma e outra viagem. É num ir e vir de aproximações e distanciamentos dos acontecimentos que se revaloram valores, se reinventam a moral, os costumes, hábitos e também identidades pessoais e grupais que avaliamos como não satisfatórias.

Com isso, os coautores de tais dramaturgias, nos diferentes momentos de sua construção, representação e transformação, se apropriaram de valores, conceitos, interpretações e afetos que ancoram identidades pessoais e grupais, localizaram anseios de diferenciação e partiram para a experimentação, no como se e na vida, de cenas inéditas.

Dito de outra forma, ancoraram o barco para mirar as estrelas, se dar conta da imensidão do universo, em seus sucessivos movimentos de caos e ordem. Imagino que Moreno ancorou seu barco entre um atendimento e outro de Robert[3], quando lhe propôs dramatizar cenas em que assumiria o papel de satanás e juiz, entre outros, revelando certa tendência do cliente em manter-se em papéis sádicos na relação com a esposa. Ao ler e reler esse protocolo de atendimento de Moreno, sempre imagino que foi ele quem criou aquelas cenas, entre um momento e outro de seu trabalho, entre uma e outra navegação. E lançou sua criação para potencializar o

---

3. MORENO, J. L. *Psicodrama*. São Paulo: Cultrix, 1975, p. 264-8.

atendimento de seu cliente, diagnosticado por ele como alguém com neurose de tempo e espaço, o mal de nosso tempo.

O uso da construção de dramaturgias ancoradouras no processo de aprendizagem do papel de diretor, visto dessa perspectiva, implicou ofertar continência às aflições do marinheiro de primeira viagem, ao navegar sob céus cobertos de estrelas que "nascem, explodem e morrem". Foi minha forma de declinar do convite para ser uma "mestre King Kong", dona de todo saber. Fizemos juntos, dentro de nossas possibilidades, cada um e todos. E, com isso, nos contagiamos com a coragem de nos perdermos e nos encontrarmos nessa imensidão de ordem e desordem que é o homem em relação, em processo constante de atualização de identidades. E também nos contagiamos com a disciplina, disponibilidade de tempo e assiduidade para examinar de forma sistemática as diferentes interpretações dos fatos que transitaram nos diversos registros e realizações de sociodramas com os quais nos envolvemos.

Esse processo coletivo de construção de dramaturgia ancoradoura trouxe consigo algumas propostas: que alunos em formação se deixem afetar por fluxos singulares de acontecimentos, sem precipitar sentidos em seu percurso de vida profissional; que organizem muitas e muitas expedições; que transitem por campos de forças diversas, ouvindo seu clamor pela instalação de uma nova ordem. Isso se os ventos soprarem a seu favor, ou pelo menos não oferecerem tanta resistência. Do contrário, que invistam em outros mares, sem apego. São muitos os marinheiros em vertigem, em busca de construir novos mapas de navegação. Que venham de onde vierem; esses são os que interessam.

Ao lançar a âncora e olhar as estrelas que me acompanharam nesse percurso de construção de dramaturgias ancoradouras, seus registros e contágios, penso: nessa viagem, pudemos admitir que sabemos da vida menos que uma mosca. Rimos disso, isso é especial. Aconteceu uma interação dialógica entre ordem e desordem. Integramos o aleatório, o acaso, ao pensamento organizado. Produzimos pensares complexos, partindo do "dorso do tigre", das sensações que tantas vezes se opõem silenciosamente ao estabelecido.

Ordem, pois, quando constituídas apenas por desordem, as cenas não conseguem fazer com que a novidade se desenvolva e evolua. Desordem, para não perder de vista que, baseando-se apenas na ordem, tem-se um universo sem devir.

E que belos devires temos devaneado e realizado! Fica aqui meu agradecimento a todos os alunos e professores com que cruzei nos últimos trinta anos. Com eles tenho tido o prazer indescritível de miar, rugir, atirar o pau e ser alvo do pau que deixa galos, mas também daquele que dá inicio a malabares infinitos. Obrigada, parceiros, por seu compromisso, disciplina, ações heroicas e reparadoras. Tudo corre de forma tão intensa e verdadeira que faz até bailarinas e soldadinhos de chumbo lacrimejarem...

Comentários sobre "A arte de não interpretar interpretando", de Milene Féo

Anna Maria Knobel

LER UM TEXTO DE MILENE FÉO é sempre um ato vertiginoso, pois ela nos leva com especial talento e velocidade por territórios conceituais e vértices de ação desconhecidos e surpreendentes. Sua originalidade e, ao mesmo tempo, sua fidelidade a um pensamento próprio que desenvolve há muitos anos são, no mínimo, extraordinárias e encantadoras.

Este capítulo, que reflete suas práticas como docente de psicodrama no curso de formação nível I do Departamento de Psicodrama do Instituto Sedes Sapientiae (DPSedes), nos mostra a construção de uma forma de conceber e desdobrar o método psicodramático de dentro para fora, sem a intrusão de outras teorias, que permite um tipo de produção de sentidos extremamente singular, com base na construção de enredos facilitadores de futuras produções espontâneas em outras situações: novas aulas, atos públicos, apresentações em instituições.

Não se trata de inventar ações cênicas pueris e fúteis, mas de produzir personagens densos capazes de expor suas vísceras, de revelar conflitos e paixões subterrâneas, em um encadeamento grupal vivo e intenso, que promove uma rara experiência entre os alunos, os quais, via de regra, são poupados de experiências mais fortes.

No intuito de expressar algo pulsante, o ponto de partida são os desejos e temores de um psicodramatista iniciante. Compromisso e autenticidade geram uma organicidade íntegra entre subjetividade e grupalidade, com os temas-cenas constituindo enredos produzidos com base em um ou em muitos. Promovem-se autorias, historicidades existenciais são compartilhadas e a complexidade do inter-entre ser se apresenta. Há a "com-fusão" típica dos momentos primevos, mas não desordem.

Talvez isso seja possível graças à ambígua materialidade/artificialidade da cena, que permite que os mais divergentes conteúdos sejam encarnados discriminada e sucessivamente por um mesmo grupo de pessoas sem nenhum constrangimento.

Talvez a riqueza surja pela vertiginosa sucessão de cenas que mobiliza primeiro os sentidos, e não os significados, e depois o vivido existencial, não apenas o mental.

Ou talvez isso ocorra porque Milene se dispõe a conduzir os alunos exatamente pelo temor crítico dos primeiros passos, fazendo-o com tal convicção e energia que eles, marinheiros de primeira viagem, sentem que a potência é natural, e se permitem expressar seus temores como estopins de novos mistérios.

Assim, o fluxo desse tipo de ação deságua em conteúdos imprevistos, no original, no ainda não pensado, mas não necessariamente no oculto, resultando, nas palavras da autora, em interpretações [cênicas] que "mais do que revelar verdades sobre os fatos, constituem os próprios fatos".

Como se dá o processo? Cada um é um dramaturgo-ator diante dos demais e junto com eles, sendo garantida a todos a oportunidade de se expressar soberanamente. Isso cria um *patchwork* de pequenas histórias, de forma que a variedade e a representatividade desse tecido contemplam todo o grupo. De maneira intensa, a inclusão da multiplicidade pela criatividade se cumpre e germina.

No sentido oposto, um mesmo tema-cena deve ser desdobrado em muitas perspectivas. Como diria o compositor, é o "avesso do avesso" mas que não produz o "direito", e sim o di-verso, o dessemelhante, o variado.

Porém, o melhor de tudo é que toda essa riqueza originária da múltipla fragmentação das cenas criadas pelos jovens autores pode ser exaustivamente analisada, graças a um complexo sistema de notação que permite mapear o que vai sendo produzido, tornando o trânsito entre a ação e a elaboração não apenas possível, mas também convidativo. Cada personagem é examinado, nesse exercício organizado, em relação a seus pensamentos, ações e afetos, o que amplifica a possibilidade de leitura e entendimento das produções, acurando os sentidos e a mente no que concerne à ação psicodramática.

A grande importância desse processo reside na possibilidade de fazer que o novo profissional suporte desafios complexos, aprenda a lidar com angústias e adquira envergadura mais ampla referente ao seu papel de psicodramatista, tornando-o resiliente.

De intérpretes de personagens em cena a pesquisadores e autores, há muitos passos, muitas aflições compartilhadas, mas acima de tudo engajamento e garra. Nada é simples, nem fácil, mas todos seguem adiante em um processo instigante, comparável a certa "alfabetização cênica", que permite compreender o que se faz e para que se faz.

Apropriando-se dessa competência, esses indivíduos podem se lançar em novos espaços e processos.

Além do método que por si mesmo mobiliza e educa, há outra potência que atrai a atenção: a convivência intensa, aberta e generosa entre os alunos e a mestra, que já no segundo ano de curso lhes mostra que o psicodrama não apenas é possível como também rico, interessante e vívido.

Da classe ao campo de trabalho de cada um e aos espaços públicos de todos, um modelo de ação e de compreensão do mundo se apresenta e pede passagem. Cumpre-se a missão de ensinar e, mais do que isso, cumpre-se a oportunidade de aprender fazendo.

E o que anima essa diretora/professora?

A atração pelo novo, a competência para inventar modelos de ação que permitam que se lide com diversos vértices de um mesmo tema. Também, a crença de que múltiplas versões são preferíveis às certezas unificadoras; de que para integrar é preciso analisar; de que âncoras nos permitem voar; de que experimentar e errar são ações vitais; de que a criatividade não é apenas um dom, mas um exercício contínuo.

Mais uma vez aprendemos com essa autora criativa, que nos mostra uma concepção de ensino que vale a pena ser vivida.

Capítulo 10

Inclusão social e sociodrama

Maria da Penha Nery e Marlene Magnabosco Marra

Apenas quando tivermos plena consciência do quanto estamos
interconectados com o todo poderemos transformar o mundo.

Capra (1988)

Introdução

Ao usarmos uma estratégia que lembra a de um paciente tecelão,
alinhavamos e articulamos temas para a reflexão, dentre os quais
se destacam: socioterapia, sociodrama, inclusão e cultura. Essas
questões se entrecruzam em torno de um aspecto fundamental: o
vínculo entre relação e conhecimento.

Nas últimas décadas, estamparam-se diante de nossos nossos
olhos novas metáforas e narrativas ligadas às práticas terapêuticas e às
intervenções socioeducacionais, abrangendo profissionais de diferentes áreas. As novas práticas contemplam e desenham as discussões e
transformações por que passam, na atualidade, a cultura, a ética, as
relações de poder, as concepções, teorias e epistemologias. Busca-se
a geração de coerentes ações entre o modo de pensar dos participantes dos grupos e o instrumento utilizado para essas intervenções.

Trataremos da perspectiva relacional, contextual e política do
papel daquele que trabalha com socioterapia utilizando o sociodrama, método de intervenção terapêutica que promove a revivência
de situações-problema do grupo, procurando novas respostas (Moreno, 1972a, 1974). Acreditamos que o socioterapeuta seja eminentemente um educador.

Ao caminhar da crítica em direção à subjetividade, à consciência, às complexas formulações de novos olhares, o educador toma conhecimento da tensão relacionada à reinvenção da inserção do contexto social no espaço terapêutico, ampliando cada vez mais o foco para a compreensão das redes sociais e das conversações (Pakman, 1998). Assim, os participantes do grupo assumem cada vez mais seus espaços sociais, suas emoções, sua posição como protagonistas do seu próprio conhecimento, diminuindo os espaços de exclusão e sofrimento.

Nesse sentido, o "educador" socioterapeuta é um interventor ou trabalhador social (Freire, 1976). Essa função lhe traz a responsabilidade de ampliar sua consciência crítica do porquê, para que e para quem trabalha. A prática socioterápica é produto da cultura, sendo movida pelo exercício de poder.

Se o socioterapeuta tem o objetivo de emancipar os sujeitos e grupos de suas opressões, violências e sofrimentos, ele precisa compreender, por exemplo, os meandros das relações de poder na sociedade, os processos geradores das injustiças, intolerâncias e desigualdades sociais, as ideologias dominantes. Deve compreender a sociedade não apenas como uma estrutura composta de classes sociais que se confrontam, mas também de grupos sociais que subjugam uns aos outros para a manutenção do *statu quo* social de privilégios, direitos e riquezas extremamente mal distribuídos (Nery, 2010).

Como veremos, o sociodrama é um método importante para a transformação social, aliando-se ao pensamento de Pakmam (1998, p. 6): "Se entendemos as fronteiras existentes entre as culturas como fatos culturais fluidos e abertos à mudança, através da reconstrução na interação, as fronteiras culturais em que habitamos se transformam em solo fértil para uma terapia reflexiva".

Nietzsche (*apud* Dias, 2003) afirma não poder existir contradição entre vida e cultura. A cultura, em sua perspectiva, só pode nascer, crescer, desenvolver-se graças à vida e às necessidades que a ela se impõem. Deve-se abominar a vivência que não vivifica e o saber que esmorece.

A exclusão, ou a não inclusão, além de identificar-se com certos determinantes sociais e históricos, incide diretamente na relação entre o eu e o tu, que pode ser de atração, repulsa ou indiferença.

Na concepção sociopsicodramática, o fenômeno tele explica essa questão. Refere-se à "correta percepção, apreensão ou captação em duplo sentido da experiência relacional entre duas ou mais pessoas" (Fonseca, 2000, p. 131). A relação que liberta a criatividade-espontaneidade acompanhada da ética da responsabilidade social é a proposta sociátrica de Moreno (1972b, 1974), que sonhou com a formação de um exército de socioterapeutas para a humanidade.

Identidade, cultura e prática sociátrica

A socioterapia é um encontro de culturas. A cultura é resultado do confronto de identidades e do exercício de poder na sociedade. O terapeuta de grupos luta pela transformação social. O sociodrama é um poderoso método para a conquista de um mundo melhor. Explicitaremos esses quatro argumentos, para que possamos refletir sobre a ideia de que nossas intervenções terapêuticas, constituídas por excelentes métodos e boas intenções, serão inócuas se não desenvolvermos uma consciência crítica.

Pertencemos a um meio social e cultural e nele estamos completamente imersos. Com isso, corremos o constante risco de endossar ideologias que reflitam discursos capitalistas dominantes ou de contribuir para a manutenção de um *status* opressivo e gerador de desigualdades sociais.

Corremos o risco de nos imiscuir na sociedade do espetáculo, o que torna nossa vida abstrata, nossos vínculos exíguos e as relações escassas (Debord, 2002). E assim não aprendemos a argumentar, discutir, criticar, digerir.

O filósofo Vaneigem (2002) propõe-nos a libertação da alienação da sociedade do espetáculo. Ele nos pede que experimentemos a subjetividade radical. Essa premissa é semelhante à de Moreno (1983), que apregoa que sejamos heróis existenciais. Mas, na sociedade do espetáculo, as escolhas já estão estabelecidas, foram feitas na produção, e nos prendemos aos papéis de consumidores, espectadores-expectantes, que concretizam nossas escolhas. Somos controlados pelos espetáculo, pela mercadoria, pelo produto, pelas instituições espetaculares, pelos valores distorcidos, pela família e pelos grupos embrutecidos pela falsa consciência.

Vivemos os pertencimentos grupais, que incrementam os conflitos entre classes da sociedade capitalista (Guimarães, 2002). Em nossos grupos sociais, contribuímos para a alienação capitalista, ou vivemos o resultado dessa alienação.

Nossa tarefa, no papel de socioterapeutas, é trabalhar os fenômenos produzidos pela sociedade capitalista e pelo espetáculo social que trazem sofrimento para a humanidade, como a guerra, o desemprego, a desigualdade social e econômica, a vida urbana, o terrorismo, o racismo, a telecomunicação massiva, o fanatismo religioso, a ocidentalização, as epidemias, a superpopulação, o abuso de substâncias, dentre outras. A modernidade ainda traz a dor dos movimentos migratórios, a urbanização desumana, a falta de privacidade nas favelas, a perda de referências culturais e de laços afetivos. No meio de tudo isso, corremos o risco do desaparecimento de mecanismos culturais que dão suporte às situações traumáticas e aos sofrimentos do homem. No desespero provocado pela ausência desse suporte, delegamos mais poder às substâncias psicoativas, que são apenas parte do tratamento sociopsíquico, quando necessárias.

Então, é preciso ter em mente que toda produção cultural da sociedade do espetáculo e capitalista pode alienar o ser humano, porém, paradoxalmente, não há como escapar do fato de que as produções culturais precisam ser utilizadas para libertar o ser humano. Segundo Geertz (1989, p. 56), a cultura é mais bem definida não como um "conjunto de padrões concretos de comportamento (costumes, usos, tradições, feixes de hábitos) [...]", mas como um "conjunto de mecanismos de controle (planos, receitas, regras, instruções) [...] para governar o comportamento [...]". O homem depende desses mecanismos extragenéticos de controle, de tais programas culturais, para ordenar seu comportamento. Se o ser humano é um artefato cultural, então a cultura nos modela, como espécie única e como indivíduos separados. A produção cultural gera a identidade pessoal e social, e, ao mesmo tempo, a identidade alimenta a produção cultural.

Para Moreno (1974), antes de termos um "eu", desempenhamos papéis socioculturais. Somos "obrigados" a viver uma vida intermediada por símbolos, construídos historicamente pelos indivíduos e grupos de nossa sociedade, os quais nos fornecem a matriz de identidade. A identidade é a inclusão total da mente humana na mente coletiva, ou a mente coletiva inserida na mente humana. Assim, por exemplo, antes de um indivíduo se definir como "judeu", "negro" ou "médico", ele vive em seu corpo (de maneira assemântica e pré-psíquica) a experiência sociodinâmica de ser judeu, negro ou médico e se torna "um" em cada um desses grupos sociais (Moreno, 1974). Eis aqui o princípio da existência: a coexistência, o pertencer.

Essa essência vital tem importante papel nas interações entre membros de um grupo e nas interações intergrupais. Por meio da resistência a alguma ideologia, um indivíduo ou um grupo expressam sua história mais original. É possível que tentem dizer: "Eu já sei quem sou, não destrua isso"; "O que será de mim sem o que já vivi de mais intenso, sem essa segurança existencial?"; "Posso perder muito do que já possuo se ceder".

Felizmente, essa experiência coletivo-corpórea se transporta, pelo desenvolvimento do sistema nervoso central, para os processos superiores mentais, dando lugar, dentre outras capacidades psíquicas, ao processo da identificação (Moreno, 1974). Então, o judeu não apenas se reconhecerá e reconhecerá o outro como judeu mas também se diferenciará do outro, como um judeu com características próprias. Eis outro princípio da existência humana: o vínculo sociocultural, permeado por símbolos e afetos que possibilitam a articulação entre o individual e o coletivo e a convivência social diferenciada.

Então, o judeu será "o judeu da família tal, da associação de tal bairro, de tal grupo desportivo, de tal partido..." Sua mente indefinidamente carregará várias identidades, relativas aos grupos aos quais pertence. Essas identidades demonstram que todo grupo se subdivide, e isso afeta o desempenho dos papéis sociais e o processo de diferenciação do outro, por meio do encontro ou do confronto com o seu "igual" ou com o seu "diferente" (Woodward, 2000). Porém, a complexidade do encontro aumenta quando há relações intergrupais, ou seja, quando um grupo interage com outro, havendo uma proliferação de diferenças; por exemplo, o judeu com o cristão, o negro com o branco, o heterossexual com o homossexual, o capitalista com o comunista, o francês com o brasileiro.

No confronto com o diferente, o relevo identitário poderá produzir uma radicalização na identidade ou um exercício de poder em que o verbo "ser" domine: "sou" brasileiro, "sou" católico, e você "é" americano, "é" judeu. Esse verbo determinará uma "essência", uma "verdade", ideologias, regras morais carregadas de limites egoicos, uma dicotomização entre "o bem" e "o mal", entre "o certo" e "o errado". E, assim, esse confronto identitário e cultural impedirá a cocriação e o diálogo construtivo (Nery, 2010).

Contudo, a brecha para o trabalho socioterápico está no fato de que tanto as identidades culturais e socialmente "dadas" (sexo, nacionalidade, orientação sexual, papel familiar) quanto as conquistadas (profissão, religião, pertencimento a grupos sociais diversos) se renovam com as mudanças dos padrões culturais e com o dinamismo dos mecanismos de poder (Foucault, 1985). Isso quer dizer que as identidades mantêm um elo com o processo contínuo de aprendizagem humana, característico da dinâmica vital, que flexibiliza a fixidez. A isso, Moreno (1974) chama de "espontaneidade-criatividade".

Precisamos responder adequadamente a um mundo aberto a mudanças, em contínua evolução, em todos os sentidos. Então, o verbo ligado às identidades deve ser o "estar" ou "tornar-se", relacionado a um constante "devir" ou "vir a ser". O ser humano não é vítima do determinismo absoluto material, social, cultural, econômico ou psíquico, mas está inserido no determinismo operacional, no qual pode se transformar e ao meio.

Ao vivermos a diferenciação eu-outro ou eu-grupo, usamos várias maneiras para experimentar a identificação-identidade, dentre elas o autoconceito: "Eu sou judeu, tímido, funcionário público, paulista, brasileiro"; o compartilhar: "Sou como você, judeu e tímido"; o distinguir-se: "Não sou como você, empresário e nordestino"; a introjeção: "Sou aquela (e) imagem/produto/modelo". A identidade social, portanto, vai além da imagem de si, para si e para os outros. Trata-se de um fenômeno que se produz em referência aos outros, em referência aos critérios de aceitabilidade (pertencimento), de admissibilidade, de unidade, de credibilidade, e que ocorre por meio da negociação direta com os outros (Pollak, 1992).

Ilustremos com um grupo de mulheres feministas. Esse grupo poderá criar padrões de comportamento característicos da cultura ocidental. No entanto, ao surgirem mulheres com uma ideologia diferenciada da cultura ocidental, elas poderão compor um subgrupo, o qual fará, em determinados momentos, tanto oposição quanto alianças em relação ao grupo fundamental. A busca histórica e cultural de ideologias e elementos do passado estará presente nos dois grupos, assim como a procura de contingências histórico-culturais que favoreçam a luta pela identidade política dos dois grupos. Essa interação intragrupal se refletirá na intergrupal, quando o grupo de mulheres se encontrar com o dos homens. Porém, da mesma forma, se houver radicalismos identitários, essa nova relação não evoluirá para processos criativos e libertadores.

É notório que os processos identitários constituem as relações de poder. A disputa de quem é mais, o melhor, possui mais ou é o primeiro subjaz ao processo de diferenciação do eu e do outro. Todo esse exercício é influenciado pela afetividade, que valora as experiências da identidade (Nery, 2003). A afetividade efetiva a sociometria, ou seja, as posições no grupo, por meio das identificações e atrações. Ela fomenta as correntes psicológicas, gerando as hierarquias socionômicas ou as disputas de grupo (Moreno, 1974).

Por exemplo, em uma pesquisa sobre a interação afetiva entre estudantes num processo de inclusão racial, observamos que os grupos criam uma dinâmica afetiva propícia à manutenção do *status quo* social (Nery, 2008). Os estudantes não cotistas, ao se sentirem injustiçados pelo sistema de cotas, passam a ser indiferentes aos cotistas, a apresentar descaso em relação às questões raciais e a evitar aprofundar o tema, ou seja, eles se fortalecem para manter suas ideologias. Enquanto isso, os cotistas se isolam, evitam se expor e impõem-se uma cobrança excessiva de excelente desempenho acadêmico para lidar com a discriminação resultante da inclusão racial.

Nessa pesquisa, verificamos, ainda, que os grupos criam mecanismos afetivos que contribuem para o exercício do poder, como, por exemplo, a ambivalência afetiva ("Amo os negros"), em contraposição a ideias como a de que eles são beneficiados, ou a ação de ignorar seus argumentos. Além disso, observamos a "antiempatia", ou seja, a indisponibilidade para fazer o exercício imaginário de se colocar no lugar do outro, ampliando a compreensão histórica de sua realidade social.

Assim, no campo social, cultural e afetivo, os grupos lutam por seus direitos, seduzem, criam ideologias e discursam para manter seus privilégios e conquistar territórios e saberes. Trata-se de uma competição social egoística, sem abertura ao outro ou ao diferente. Dentro de qualquer sistema de contato inter-humano, como o social, o religioso, o racial ou o político, haverá os que histórica e materialmente são injustiçados, discriminados, excluídos, empobrecidos, para que outros se sintam fortes ou conquistem mais recursos sociais e materiais. As regras culturais, morais e as ideologias cultivarão, por exemplo, uma "pacificidade passiva", em que identidades são anuladas e destruídas, em prol de uma "ordem social" vigente há centenas de anos.

O relevo identitário precisa ser explicitado e preservado, pois nós convivemos em grupos e necessitamos da segurança existencial do pertencer. Quando nos destacamos em grupos sociais, podemos nos unir a outros para termos voz e lutarmos por nossos direitos. No entanto, na pesquisa citada, o desenvolvimento de novos papéis sociais, como o de "estudante cotista negro" e o de "estudante não cotista", produz a experiência da identidade radical e o ocultamento da identidade (Nery, 2008). Em ambos os grupos, a identidade radical gera relações de poder destrutivas, como vimos, por exemplo, no fechamento à compreensão do outro e na expressão de raiva excessiva. A vivência do ocultamento da identidade enfraquece a politicidade dos grupos socialmente excluídos, pois, além de muitos se isolarem e se sentirem culpados pelo "privilégio recebido", eles não se apresentam para lutar por seus direitos.

Concluímos que a afetividade tem poderosa influência no exercício do poder e que o desenvolvimento de novos papéis demonstra o que Naffah Neto (1997) já nos afirmara: os papéis sociais são históricos; eles reproduzem as relações de conflitos sociais. Em nosso caso, eles reproduzem a característica do racismo brasileiro de silenciar o negro, escamotear seu sofrimento como grupo social e distorcer a história, mantendo sua exclusão em relação aos bens materiais, profissionais e sociais, e apregoando que somos democráticos socialmente, que convivemos pacificamente, à custa de uma histórica anulação do diferente, o qual, em grande parte, se investiu dessa ideologia e perdeu muito de sua capacidade de luta (Carone e Bento, 2002; Guimarães, 2002; Munanga, 1999; Santos, 2007).

Verificamos a importância da identidade, da capacidade de expressão de um grupo e de sua autoestima. Porém, o trabalho socioterápico tem a relevante função de flexibilizar os processos identitários (Nery, 2008; 2010). Essa flexibilização é uma conquista, pois os grupos tendem a competir procurando anular uma ou outra identidade. A flexibilização identitária compõe-se, por exemplo, do diálogo construtivo e da ampliação da capacidade empática, mas essas atitudes têm sido cada vez mais abandonadas nos confrontos sociais.

Em nossa pesquisa, constatamos a riqueza do sociodrama, como método que transforma crenças geradoras de sofrimentos e opressão, que amplia a consciência e semeia mudanças de atitude, conforme registrado, por exemplo, neste compartilhar (Nery, 2008): Alberto (que durante o sociodrama utilizou discursos discriminatórios e interpretou o personagem "branco universalista", com argumentos duvidosos quanto à capacidade do negro na universidade) descreve sua compreensão cognitiva e vivencial sobre ele próprio e sobre seu meio social.

Alberto afirma:

> Eu achei bastante interessante (o evento). Ainda mais pela troca de papéis, que é difícil de fazer. No meu papel, fiquei me baseando no que faço, cotidianamente. Cada um se preocupa com suas metas, eu sou de uma classe média... O personagem que fiz me deixou chocado, porque é a maioria das pessoas que vejo, que não se preocupa com o que passa com o outro, mas se

preocupa com suas próprias metas; se elas conseguem atingir, continuam bem com isso... Não importa se ele é negro e passou, não importa se ele é branco e passou, não importa. Importa que eu quis passar, passei e agora quero um emprego melhor, quero ganhar bem.

A primazia da experiência espontânea de situações opostas não impediu que João e Adriana afirmassem a importância de se imaginar no lugar do outro.

Diz João:

Eu achei muito interessante a atividade... A gente está muito tempo dentro de uma forma de pensar.... Mas, você tentar entender o outro... não estando lá (no lugar dele) é complicado. Entendo o fato de você (diz para Adriana, que foi reprovada no primeiro vestibular com cotas) estar com raiva. Mas, você vai ser o outro agora (refere-se à técnica de inversão de papéis – se imaginar no lugar da candidata reprovada). Ah, não, agora eu senti! Não só entendi, mas senti o que ela poderia ter pensado.

E Adriana afirma:

Na hora que a gente trocou de papel (refere-se à técnica de inversão de papéis – se imaginar no lugar do negro). Tive um pouco dificuldade... de encarnar... consegui sentir... uma felicidade por estar dentro... Mas, realmente... um sentimento ruim, porque as pessoas estão duvidando de mim, entendeu? Foi muito esquisito, sabe? Foi muito esquisito... Mas, foi muito difícil sair do meu papel... do meu sentimento, na verdade...

O participante Sérgio, estudante não cotista, dentro de seus limites psíquicos, conseguiu atuar no papel psicodramático de cotista. Ele deu voz a esse estudante e nos mostrou a experiência dele na universidade. A maior parte de suas falas, expressões, atitudes e ações foi confirmada pelos entrevistados. Nos comentários finais, Sérgio flexibiliza sua identidade de "universalista", ao compartilhar quanto sofreu no papel de cotista com a discriminação vivida na academia.

Também são notórios os resultados socioterápicos de emancipação dos sujeitos em pesquisas sociodramáticas como as de Zampieri (1996), ao trabalhar com grupos de casais heterossexuais a prevenção da síndrome da imunodeficiência adquirida (aids); de Scaffi (2002), ao trabalhar com indígenas a prevenção de doenças transmissíveis; e de Marra (2004a), ao delinear a importância do papel do multiplicador que zela pelos direitos das famílias e adolescentes nos conselhos tutelares.

Vale destacar, igualmente, os sociodramas que visam ao desenvolvimento do papel de cidadão, à inclusão social ou à resolução de conflitos violentos, tais como os realizados na Argentina por Bustos e na Inglaterra por Muretti (Kellerman, 1998), os ocorridos na cidade de São Paulo (Cesarino, 2004), os que buscam a inclusão nas escolas (Lima, 2002) e o trabalho sociodramático contra a violência doméstica realizado por diversas instituições de psicodrama no Brasil (Fleury e Marra, 2006).

Em nosso ofício de socioterapeutas, apregoamos que somos trabalhadores sociais (Freire, 1976). Porém, Vaneigem (2002) critica o sociodrama e outras produções culturais, afirmando que são recursos que incrementam a prisão do ser humano em suas alienações pessoal e social. É válido criticar de onde derivam e para onde vão as ações do homem em suas produções culturais. Particularmente, a socioterapia merece esse questionamento, pois ela pode surgir da alienação e favorecê-la. Nesse caso, mais uma vez a crítica não deve ser relativa apenas ao que existe para a terapêutica do ser humano, mas à maneira de se realizar esse trabalho, à intenção dessa atividade e à construção social que ela nos proporciona.

Demo (2003) proclama que só poderemos dar concretude aos nossos ideais revolucionários se intervirmos em prol da emancipação do sujeito, contribuindo para sua participação ativa na história e no controle democrático do Estado, para que lute pela distribuição real da renda e do poder. Consideramos também as ideias de Holloway (2003), pois só nos resta o apego à rejeição ao mundo equivocado. Vivemos numa sociedade injusta, mas gostaríamos que ela não fosse assim; essas duas frases devem ser inseparáveis, para que não se acabe o grito de recusa e desejo.

Holloway (2003, p. 33) salienta que "o que está em discussão na transformação revolucionária do mundo não é de quem é o poder, mas como criar um mundo baseado no mútuo reconhecimento da dignidade humana, na formação de relações sociais que não sejam relações de poder". Eis nossa luta para obter um mundo mais justo: "a luta do grito para libertar o poder-fazer do poder-sobre, a luta para libertar o fazer do trabalho alienado, a subjetividade da objetivação" (p. 60).

Embora esses teóricos nos apontem críticas e caminhos para a transformação social, o sociodrama, como método socioterapêutico, tem seu lugar. Afirmamos, logo no início, que o problema reside nos socioterapeutas que trabalham sem distanciamento ou consciência crítica, sem estudo aprofundado acerca dos grupos e das questões sociais. O sociodrama é uma ferramenta para a construção do diálogo empático e para a aprendizagem interpessoal e intergrupal. Quando todos constroem coletivamente saídas para conflitos e sofrimentos, por meio principalmente da inversão de papéis, contribuímos, por meio da ação e da imaginação, para a flexibilização da identidade e para um verdadeiro encontro de culturas.

E, assim, integramos o "eu" e o "social", mostrando que consciente e inconsciente são apenas partes da mente do grupo, da humanidade e da natureza. E a mente do grupo, da humanidade e da natureza constitui nosso consciente e inconsciente pessoal (Capra, 1988; Jung, 1988; Moreno, 1972b; Sheldrake, 1999). As trocas mentais produzem cultura e nos revelam que cada um tem a sua cota de responsabilidade pelo desenvolvimento biopsicossocial do outro. Daí a tarefa de favorecer a unidade, a integração, a valorização da participação no cotidiano, a luta pelo trabalho criativo e não alienado, a capacidade para a gestão democrática da sociedade.

O dever do socioterapeuta é o de promover o "vir a ser" sendo revolucionário. Cada um de nós é um combatente, um motor dessa organização, em busca da criação de uma nova ordem mundial terapêutica, da utopia moreniana. Trata-se, portanto, de um posicionamento global, em que nos tornamos terapeutas-interventores--observadores-participantes. A situação é o foco e, por isso, nós, profissionais da saúde mental, temos o compromisso de valorizar os movimentos sociais, as produções culturais, a arte, a religião, os festejos populares, a ciência.

Na prática cultural e ritualística da intervenção terapêutica, é tempo de fazer algo diferente com as diferenças: é tempo de promover a inclusão e a justiça social.

Do grande ser-tão da exclusão social à construção da inclusão

A alusão ao romance *Grande sertão: veredas*, de Guimarães Rosa, utilizada neste texto quer expressar algo para além do espaço geográfico e histórico dos tempos do Brasil republicano, entre 1889 e 1930 (Campos, 2005). Quer falar da importância de pertencer a um tempo – espaço carregado de símbolos, significados, saberes, atos e costumes que nos aproximam e, ao mesmo tempo, nos distanciam. Quer expressar as mais diferentes formas em que esse meu ser-tão diverso é interlocutor de uma construção de fronteiras rígidas, sendo singular e plural, e que resiste às mudanças.

Ser-tão par e ímpar em que são construídas e reconstruídas as inúmeras redes de relações que sustentam palavras, imagens, instituições, comportamentos, e em cujos espaços representamos a nós mesmos e uns aos outros.

Ser-tão dentro da gente que reflete a composição e integração de uma identidade e uma cultura que se encontram inscritas em nós com base em vivências de individuação e pertencimento, condição existencial e em constante "vir a ser". O "vir a ser" do bem e do mal, do comum e do incomum, do lógico e do ilógico, das ordens e das desordens, do inverso e do reverso.

Essa ambiguidade vivida por nós nos impede de realmente aceitar o outro, de legitimar sua condição de vida, de compreender seu modo de funcionamento, sua personalização de divino e diabólico.

O ser-tão em movimento de extremos opostos que trazem à tona descontentamentos, incômodos resultados de nossas interpretações fundamentadas nos significantes que nos são impostos.

Esses parágrafos narram os sentimentos provocados pelo caráter contraditório, imprevisível e complexo do mundo em que vivemos, provocando uma diversidade de aparências, a qual atribui às pessoas a aridez de um sertão. Contradições, imediatismo, perversidade e tantos outros sentimentos são concepções expressas por meio das diversas formas de comunicação de que dispõe o ser humano.

Em 1964, quando houve o golpe militar no Brasil, momento de extrema repressão e violência, a vivência de diferentes movimentos sociais fez que profissionais começassem a questionar suas ações e atuações perante a população, seu papel na conscientização e organização da vida social (Lane e Sawaia, 1995).

Nesse período, nos Estados Unidos e na América Latina, sobretudo no Brasil, surgem movimentos de profissionais preocupados com a saúde mental, a educação popular, as questões sociais que expressavam a exclusão, a violência, a perda da identidade devido à migração, a ausência de organização popular etc.

Ainda existia uma visão fragmentada de indivíduo: a aprendizagem, a educação, a terapia e a conscientização social eram consideradas como processos distintos. As questões das pessoas eram discutidas segundo uma perspectiva técnica, que não considerava a natureza do psiquismo humano, seu funcionamento e a interação entre indivíduos como forma de conhecimento (Lane e Sawaia, 1995). Momento de grande exclusão.

Para Demo (2002), é muito difícil conseguir incluir as pessoas quando não se sabe, ou não se quer saber, a maneira pela qual foram excluídas. Ressalta ainda esse autor que a discussão sobre exclusão social aponta, na maior parte das vezes, o mercado como o meio mais comum de exclusão. E são tantas as formas de exclusão...

Se, por um lado, a subjetividade do sujeito histórico é moldada pela ideologia e cultura impostas pela classe dominante, ela é, por outro lado, capaz de transcender criticamente a conjuntura em que vivemos, possibilitando-nos modificá-la (Betto, 2006).

Necessário se faz sair desse lugar instituído, buscar novas leituras, ter novos ângulos e horizontes que nos cessem a cegueira e nos abram para a compreensão de nossa natureza ambivalente. Nosso ser-tão gerador de conflitos e desigualdades procura concretizar e presentificar essas diversas dimensões, que estão integradas entre si, em movimentos muitas vezes contraditórios e conflituosos. Todos os indivíduos são percebidos em um contexto de sentido social, cultural e histórico. Dado que cada objeto, cada situação e cada personagem têm seu lugar, espaço e valor na vida do ser humano, eles devem ser analisados em suas inter-relações.

No período entre 1970 e 1990, essas temáticas passam a ser consideradas, ampliando e disseminando uma prática da psicologia em comunidade. Essa psicologia se inicia como uma prática com o propósito de intervir em espaços sociais; denuncia paradigmas e concepções derivados da realidade.

Diferentes experiências comunitárias vêm reforçando a importância do grupo como condição de conhecimento da realidade, tanto para a autorreflexão como para a ação conjunta e organizada. A psicologia comunitária surge, portanto, da ação (Freitas, 1994).

Esse modo de intervir é considerado pluridimensional e nos aproxima de uma nova realidade, com diferentes metodologias e visões do ser-tão humano (Campos, 2005), a qual se materializa nas práticas desenvolvidas e na possibilidade de maior inclusão. Essa inclusão surge com o compartilhamento entre as pessoas que integram um grupo social. Com a construção conjunta de sua realidade, na qual interagir é considerar que o conhecimento advindo dessa interação não pode ter um caráter estável e absoluto. São múltiplas as realidades, o que supõe assumir posições relativistas, em que não há uma só verdade.

A psicologia em comunidade promove, nos grupos sociais, uma reflexão crítica e emancipadora, conduzindo a novos caminhos de inclusão, nos quais as relações são mais pluralistas, democráticas e participativas.

Na prática, a existência humana constitui-se nas interações. É pela convivência com grupos e pessoas que a identidade social se molda. Quanto mais tempo durar a convivência entre as pessoas de um grupo, mais elas desenvolverão e partilharão uma vida cultural e social, fonte, para os seus membros, de força, conhecimento e segurança. Segundo Moreno (1974, p. 76), "é na 'corrente' do consciente conjunto e inconsciente conjunto de duas ou mais pessoas que desembocam, como afluentes, as histórias dos indivíduos". O jogo de papéis, a troca de papéis de cada membro com outro e o desempenho de papéis comuns compõem, para Moreno (1974), o ponto essencial para a definição do sentido de unidade, de identidade e de pertencimento a um grupo.

Um dos modos de intervenção em comunidades envolve o do sociodrama, instrumento que utiliza a interação grupal como principal recurso de intervenção. O sociodrama tem como objetivo o desenvolvimento da competência humana, cuja ideia central é a formação de sujeitos capazes de criar uma história própria, individual e coletiva. Propõe ampliar as experiências dos participantes do grupo, já que possibilita a circularidade da informação e a junção do saber popular com o científico (Marra, 2004a).

Nossa maior oportunidade de exercer trabalhos e intervenções grupais está no sociodrama, pois ele trata de relações intergrupais, de ideologias coletivas, centrando-se nos denominadores coletivos e na saúde coletiva (Moreno, 1974).

O conceito de jogo sociodramático de papéis tem por finalidade proporcionar ao ator uma amostra dos pontos de vista das outras pessoas, o que é obtido quando ele atua no papel de outros, seja em cena, seja na vida real. O sociodrama, como método de tratamento, possibilita um olhar para a complexidade da realidade, promove a reinserção social, a mudança de atitude, a aprendizagem de novos papéis e conceitos, a experimentação do lugar do outro e a criação de modos alternativos de resolução de problemas (Marra, 2004b).

Como método de intervenção em comunidades, instituições, organizações, o sociodrama explora a diversidade de situações, proporcionando a tomada de novos papéis e conhecimentos. Com base nos jogos sociodramáticos, na montagem de imagens, na dramatização ou na psique em ação, os atores sociais contam suas histórias, fazem suas narrativas, com a perspectiva do desenvolvimento de sua espontaneidade e criatividade, abrindo caminho, ao darem respostas originais a situações velhas ou novas, ao enfrentamento de seus problemas (Marra, 2004b).

As imagens plásticas e as cenas são consideradas resultados que validam a teoria e a metodologia sociopsicodramática, uma vez que possibilitam ao participante entrar em uma situação que é a própria extensão da vida.

Considerações finais

A possibilidade de ser diferente é o ponto comum entre os seres humanos (Vilhena, Dimenstein e Zamora, 1998). Esse paradoxo só pode ser resolvido pela cultura. A vivência dos mais diferentes aspectos culturais potencializa a inclusão ou exclusão das pessoas nos/dos grupos a que pertencem, com base nos seus códigos, significados, significantes, linguagem. Por meio do aprofundamento teórico dos processos grupais – dentre eles, afetividade, identidade e relações de poder – e de uma consciência crítica, o socioterapeuta intervém, coconstruindo com os grupos em sofrimento novas respostas às injustiças e situações-problema.

Neste capítulo, procuramos demonstrar a importância do "ser-tão" inteiro, digno, protagonista da história. Tentamos ilustrar como a tarefa socioterapêutica resgata o sujeito para a convivência, em que a autoestima grupal e a individual se fortalecem quando há a aprendizagem com as diferenças e o respeito a elas. Lutamos pela promoção da inclusão social, compreendendo a importância da justiça e do desenvolvimento da politicidade dos que estão sem voz na sociedade. Tentamos contribuir para um confronto social construtivo, em que identidades sejam desenvolvidas, mas não radicalizadas.

O sociodrama é considerado um importante método da socioterapia por conjugar aspectos sociodinâmicos e ter implícita, em sua ideologia, a ação como ferramenta do conhecimento e da intervenção mediada por símbolos e significados produzidos culturalmente. É um instrumento utilizado no trabalho comunitário e em diferentes campos de atuação, permitindo um diálogo reflexivo entre os participantes com o propósito de construir um sentido sobre o mundo e sobre si mesmo.

Nas falas das pessoas que vivem o processo reflexivo do sociodrama, fica clara a diferença entre sujeito social e objeto social. Os participantes só percebem uns aos outros como sujeitos sociais quando conseguem reconhecer o outro nos seus papéis e vê-lo como identidade multidimensional, como ator e como protagonista de uma situação. No papel de socioterapeutas, desejamos, pois, transformar as fronteiras representadas por características grupais – dentre elas, sexo, etnia, cor da pele, orientação sexual, idade, classe social, nacionalidade e regionalidade – em aprendizagem social e ajudar os grupos a se confrontarem construtiva e criativamente.

Referências bibliográficas

BETTO, F. *Vamos lá fazer o que será: mobilização social e educação cidadã*. Brasília: Ministério do Desenvolvimento Social e Combate à Fome – Programa Talher Nacional, 2006.

CAMPOS, V. O. J. Comunicação: escritos sobre educação. Ibirité: Uh, NI, 2005, p. 55-8.

CAPRA, F. *O ponto de mutação: a ciência, a sociedade e a cultura emergente*. 6. ed. São Paulo: Cultrix, 1988.

CARONE, I.; Bento, M. A. S. (orgs.). *Psicologia social do racismo: estudos sobre a branquitude e branqueamento no Brasil*. Petrópolis: Vozes, 2002.

CARVALHO, J. J.; Segato, R. L. *Uma proposta de cotas para estudantes negros na Universidade de Brasília*. Brasília: Universidade de Brasília, 2002 (Série Antropologia, 314). Disponível em http://www.unb.br/ics/dan/serie_antro.htm. Acesso em 14 dez. 2003.

CESARINO, A. C. *Psicodrama na rua*. 2004. Disponível em www.psicodramadacidade.com.br/cesarino.htm . Acesso em 9 out. 2004.

DEBORD, G. *A sociedade do espetáculo*. Rio de Janeiro: Contraponto, 2002.

DEMO, P. *Charme da exclusão social: polêmicas do nosso tempo*. Campinas: Autores Associados, 2002.

_____. *Pobreza da pobreza*. Petrópolis: Vozes, 2003.

DIAS, R. M. *Nietzsche educador*. 3. ed. São Paulo: Scipione, 2003.

FLEURY, H. J.; Marra, M. M. (orgs.). *Práticas grupais contemporâneas: a brasilidade do psicodrama e de outras abordagens*. São Paulo: Ágora, 2006.

FONSECA, J. *Psicoterapia da relação – elementos de psicodrama contemporâneo*. São Paulo: Ágora, 2000.

FOUCAULT, M. M. *Microfísica do poder*. 5. ed. Rio de Janeiro: Graal, 1985.

FREIRE, P. *Ação cultural para a liberdade e outros escritos*. Rio de Janeiro: Paz e Terra, 1976.

Freitas, M. F. Q. "Prácticas en comunidad y la psicología comunitaria". In: Montero, M. (org.). *Psicología social comunitaria: teoría, método y experiencia*. Guadalajara: Universidad de Guadalajara, 1994 .

Geertz, C. *A interpretação das culturas*. Rio de Janeiro: LTC, 1989.

Guimarães, A. S. A. *Classes, raça e democracia*. São Paulo: Fundação de Apoio à Universidade de São Paulo, 2002.

Holloway, J. *Mudar o mundo sem tomar o poder*. Tradução E. Sader. São Paulo: Viramundo, 2003.

Jung, C. *O homem e seus símbolos*. São Paulo: Cultrix, 1988.

Kellermann, P. F. Sociodrama. *Revista Brasileira de Psicodrama*, v. 6, n. 2, p. 51-68, 1998.

Lane, S. T. M; Sawaia, B. B. "La psicología social comunitaria en Brasil". In: Wiesenfeld, E.; Sánchez, E. (orgs.). *Psicología social comunitaria: contribuciones latinoamericanas*. Caracas: Fondo Editorial Tropykos, 1995, p. 69-112.

Lima, N. S. T. "Inclusão e teatro espontâneo, novos regimes de verdade?". *Revista Brasileira de Psicodrama*, v. 2, n. 2, p. 11-23, 2002.

Marra, M. M. O agente social que transforma: o sociodrama na organização de grupos. São Paulo: Ágora, 2004a.

_____. "O psicodrama como proposta teórico-metodológica para a comunidade". *Família e Comunidade*, v. 1, n. 1, p.15-38, 2004b.

Moreno, J. L. *Fundamentos de la sociometría*. Buenos Aires: Paidós, 1972a.

_____. *Psicodrama*. São Paulo: Cultrix, 1972b.

_____. *Psicoterapia* de grupo e psicodrama: introdução à teoria e à práxis. São Paulo: Mestre Jou, 1974.

_____. *Fundamentos do psicodrama*. São Paulo: Summus, 1983.

Munanga, K. *Rediscutindo a mestiçagem no Brasil: identidade nacional versus identidade negra*. Petrópolis: Vozes, 1999.

Naffah Neto, A. *Psicodrama: descolonizando o imaginário*. São Paulo: Plexus, 1997.

Nery, M. da P. *Afetividade intergrupal, ações afirmativas e sistema de cotas para negros*. 2008. Dissertação (Doutorado) – Universidade de Brasília, Brasília, Distrito Federal.

_____. *Grupos e intervenção em conflitos*. São Paulo: Ágora, 2010.

_____. *Vínculo e afetividade*. São Paulo: Ágora, 2003.

Nery, M. da P.; Costa, L. F.; Conceição, M. I. G. "O sociodrama como método de pesquisa qualitativa". *Paideia: Cadernos de Psicologia e Educação*, v. 16, n. 35, p. 305-14, 2006.

Pakman, M. "Educação e terapia em fronteiras culturais: por práticas sociais críticas nos serviços humanos". *Nova Perspectiva Sistêmica*, Rio de Janeiro, v. 7, n. 11, p. 6-20, 1998.

Pollak, M. "Memória e identidade social". *Estudos Históricos*, v. 5, n. 10, p. 200-12, 1992.

SANTOS, S. *Movimentos sociais negros, ações afirmativas e educação*. 2007. Dissertação (Doutorado) – Departamento de Sociologia, Universidade de Brasília, Brasília, Distrito Federal.

SCAFFI, N. "Socionomia na prevenção da aids entre indígenas". *Revista Brasileira de Psicodrama*, v. 10, n. 1, p. 13-31, 2002.

SHELDRAKE, R. *Sete experimentos que podem mudar o mundo*. São Paulo: Cultrix, 1999.

VANEIGEM, R. *A arte de viver para as novas gerações*. São Paulo: Conrad, 2002.

VILHENA, J.; DIMENSTEIN, M.; ZAMORA, M. H. "O trabalho do psicólogo com comunidades: cultura e formação profissional". *Psicologia Clínica*, v. 12, n. 1, p. 133-45, 1998.

WOODWARD, K. "Identidade e diferença: uma introdução teórica e conceitual". In: Silva, T. T. da (org.). *Identidade e diferença: a perspectiva dos estudos culturais*. Petrópolis: Vozes, 2000, p. 7-72.

ZAMPIERI, A. M. F. *Sociodrama construtivista da aids*. Campinas: Psy, 1996.

Capítulo 11

Diversidade cultural e construção de significados

Introdução

Maria Cecilia Orozco Lopez eu iniciamos, em 2008, um projeto de estudos sobre o tema "Transculturação e saúde social: um enfoque sistêmico na experiência da migração", visando a uma futura publicação.

Notamos que os profissionais brasileiros estavam desenvolvendo especificidades na prática com grupos, de grande diversidade cultural e étnica, muitos com histórico de migração interna no país.

Convidamos, então, para desenvolver o tema "Diversidade cultural e construção de significados", por meio de uma mesa-redonda virtual, as amigas e colegas Marilene Grandesso, Liana Fortunato Costa e Marlene Magnabosco Marra, reconhecidas nessa área.

O objetivo original era sistematizar algumas dessas especificidades das práticas brasileiras, assim como compreender melhor os aspectos da competência cultural no trabalho com as populações em questão.

Decorrido algum tempo, o projeto original tomou outros rumos. Nada mais apropriado que incluir neste livro sobre o sociodrama as reflexões surgidas desse debate virtual. Assim, estão expostos a seguir os textos disparadores das discussões, bem como suas réplicas, numa composição articulada virtualmente por essas pensadoras.

Heloisa Junqueira Fleury

Primeiro texto disparador

Marlene Magnabosco Marra

É REAL QUE A VISÃO DE NOVOS significados relacionados às complexas temáticas sociais pode emancipar os sujeitos?

Desvelar, revelar e compreender os subtextos presentes nas relações e convivência grupal, atribuindo-lhes novos significados, contribui para a construção de cultura, de uma sociedade mais tolerante e democrática?

Quais aspectos, atributos, elementos e métodos devem estar presentes na situação para que seja possível remanejar pensamentos, retocar experiências e desenvolver novos sentidos?

São muitos os formatos de psicoterapia e modos de intervenção socioeducativa e socioterapêutica aplicados recentemente, em razão de diferentes demandas e solicitações a que está sujeito aquele que cuida de um grupo. A fertilização de novas formas de encontro entre as teorias, o desejo das pessoas de ampliar suas possibilidades de contato e desenvolver novos sentidos para suas experiências e a necessidade de adquirir e elucidar conhecimentos trouxeram significativas modificações nesse campo.

São Sebastião é uma cidade-satélite de Brasília (DF). O grupo real tem aproximadamente 120 pessoas. Pais, mães, avós, tios, vizinhos, professores e dois terapeutas. São pessoas em situação de vulnerabilidade social, que trabalham o dia todo no Plano Piloto, região distante quase trinta quilômetros de São Sebastião. São pessoas vindas de diferentes regiões do Brasil, principalmente Norte, Nordeste, Centro-Oeste, norte de Minas Gerais e Goiás, sem recursos e sem condições de ficar com seus filhos, crianças e adolescentes, deixando-os na creche no período contrário ao da escola pública.

A creche tem o objetivo de retirá-los da rua, mantendo-os ocupados até o retorno de seus pais, após o trabalho. Ela complementa a aprendizagem formal, dando-lhes alimentação, reforço escolar e a oportunidade de vivências em atividades grupais de lazer e em oficinas.

Outra equipe que dá existência e concretude ao grupo real é constituída de pessoas que dirigem a creche, voluntários e famílias com alto poder aquisitivo, que a mantêm e pensam sobre seu destino. Pessoas, em sua maior parte, vindas do Centro-Sul do país. Segundo o olhar e o discurso dominante desse grupo em relação às famílias atendidas, as pessoas não foram capacitadas para enfrentar seus problemas reais. Pais e irmãos no tráfico de drogas, abusadores, alcoólatras... Portanto, para esse grupo, as famílias atendidas na creche representam o segmento social de pessoas descomprometidas com a educação dos filhos – mães descuidadas, pobreza em todos os sentidos.

Para compreender e também problematizar essa questão, Philippe Caillé (1994) afirma que um e um são três. Para o autor, essa afirmação paradoxal contém a ideia do "terceiro excluído do diálogo", como sendo algo absoluto, que gira fora da percepção e em torno de si mesmo, isto é, cada lado com suas conjeturas, seus sentidos e sentimentos a respeito do outro.

Já Nicolescu (2001), ao falar dos fundamentos metodológicos para estudos transculturais, assevera que, ao conhecermos a natureza das coisas, as situações, e estudá-las, passamos a contar com diferentes níveis de realidade e percepção. Na passagem de um nível de realidade para outro, fica assegurada a lógica do "terceiro incluído". É desse terceiro, que está dentro ou fora de nossa percepção, que devemos correr atrás, pois a realidade é uma construção social, um consenso construído por acordos intersubjetivos. Para Nicolescu (2001, p. 48), "o real designa aquilo que é, enquanto realidade diz respeito à resistência na nossa existência humana".

Voltando, então, o olhar para o grupo real e aquele que o significa, nossa intenção é criar um espaço de interlocução entre eles próprios (pais e mães, familiares), entre eles e a instituição, e entre eles e suas situações vividas. A perspectiva é a da busca de um novo olhar ou um olhar novo sobre temas rotineiros da vida dos integrantes do grupo real, já que taxados de algo que não tem conserto, palavras que abrigam uma fragmentação da realidade.

Considero o grupo substância viva, sistema evolutivo e criativo capaz de transformar relatos, metáforas, esculturas e imagens, criando uma nova linguagem, que atribui sentidos.

O sociodrama foi utilizado para o trabalho por ser paradigma da coconstrução do saber e por estabelecer pontes criativas e corresponsáveis entre os participantes. Um modo de intervir, como uma referência simbólica fundamental, que permite sentir, perceber, pensar e agir, organizar e dar sentido ao mundo social dos envolvidos pela interação grupal (Marra, 2004).

As cenas emergentes do grande grupo são vivenciadas pelos egos-auxiliares escolhidos nos subgrupos, que representam aspectos ou elementos importantes de seus relatos. O grupo de ressonância, também nascido do grande grupo, possibilita a interrupção de uma linguagem – representação linear das cenas – transportando o grupo para a construção de novos significados – o entendimento da diversidade cultural e a transformação de processos singulares – apoiando-se na potencialidade do grupo. A trama, que agora é plural, proporciona o surgimento de uma consciência crescente, dando à cena a possibilidade de resolução no aqui e agora.

As emoções escondidas e não compartilhadas, o pavor das mudanças, o significado oculto das situações, os múltiplos fantasmas que nos parecem imutáveis e o medo dos desdobramentos futuros dão lugar às trocas, trazendo novos sentidos e o profundo prazer do encontro, confirmação de si mesmo, do outro e do grupo. É a chegada do "terceiro incluído", do mais novo protagonista: um novo significado às particularidades relacionais convergentes ou divergentes, além da autonomia de suas implicações.

Segundo texto disparador

Liana Fortunato Costa

No momento em que deparei com o tema do capítulo, retomei uma experiência que venho tendo já há alguns anos. Essa experiên-

Diversidade cultural e construção de significados **205**

cia se passa em dois contextos nos quais temos realizado, e sistematizado, pesquisas, intervenções e metodologias de atendimento: o contexto comunitário e o contexto judicial. Em ambos, temos discutido e tentado desenvolver a estruturação de formas de intervenção psicossocial que propiciem possibilidades de transformação para os sujeitos que têm sua vida dependente das construções de significado produzidas nesses contextos. Com relação ao contexto comunitário, os significados produzidos podem prestar auxílio; porém, no tocante ao contexto judicial, sujeitos e famílias podem ter a vida completamente redirecionada por decisões que provenham de um trabalho de ressignificação de conflitos.

A proposta do título, então, é extremamente pertinente, pois os significados produzidos em ambos os contextos são fruto de interações entre sujeitos e profissionais que vêm de realidades culturais e de condições socioeconômicas muito distintas, ou, ainda, com experiências de vida ocorridas em regiões geográficas diferentes, que trazem necessariamente um impasse na compreensão de valores pautadores da interpretação das conversações (Lax, 1996).

Pakman (1998) ajuda-nos a refletir sobre como esses encontros se passam numa faixa de interação que pertence ao que ele chama de "fronteira cultural", sendo que todos nós já experimentamos uma situação profissional (interpretar ou ser interpretado, por exemplo) em que falamos a mesma língua, mas nos encontramos muito distantes de significados comuns que possam facilitar a comunicação. Fronteira cultural, conforme referida por esse autor, tem dois significados: um mais evidente, que é o distanciamento causado pelo não pertencimento a culturas diferentes; e o outro com menor visibilidade, que é o distanciamento construído pelas práticas discursivas provenientes de repetições cotidianas que se reproduzem e se perpetuam. Essas práticas estão ligadas ao que Pakmam (1998) chama de "práticas desencarnadas". O que esse autor procura é resgatar uma posição reflexiva por parte daqueles que se encontram perante tal constatação.

Para o propósito deste texto, concentrarei minha atenção em um impasse que sempre surge no contexto judicial, quando os profissionais deparam com a questão de valorizar a concessão da guarda à mãe, isto é, de a criança ter de ficar com a mãe nas separações conjugais. Dado que o princípio a reger as decisões deve ser "o melhor interesse da criança", sabemos que nem sempre isso se constitui na melhor decisão. Essa ideia, que Cecchin (1997) chamaria de "preconceito ruim", pode contrariar os interesses do cuidado com a criança e de sua proteção. Trata-se de um "preconceito ruim" porque a premissa está calcada em um valor cultural, arraigado segundo a qual em uma construção referente ao sexo feminino, a maternidade é sagrada e a mãe é mais amorosa, cuidando melhor do filho (Saffioti, 1997).

Muitas vezes deparamos com disputas pela guarda em que um estudo mais acurado e mais isento de valores socialmente construídos na experiência de pertencimento a uma classe social faria que os rumos da discussão mudassem, com a decisão final indicando que "o melhor interesse da criança" seria a guarda paterna. Porém, percebemos que tais imposições valorativas, que são mais culturais do que decorrentes de amadurecimento e enriquecimento profissional, acabam se sobrepondo. Há uma pesquisa de Fajardo e Xavier (2008) que mostra a existência do privilégio de concepções culturalmente construídas sobre fatos não comprovados, como no caso de denúncias de abuso sexual, feitas por parte da mãe, que surgem durante os processos de separação e têm grande credibilidade mesmo na ausência de indícios.

Hoffman (1998) afirma que, antes de tudo, o que existe é um círculo reflexivo entre profissional e cliente, e ressalta que não há verdades absolutas, mas histórias contadas e recontadas. E seria interessante termos em mente que a maioria dos profissionais das ciências da saúde, das ciências sociais e das ciências humanas "tem uma história a respeito de como os problemas se desenvolvem e como eles se resolvem ou se dissolvem" (Hoffman, 1998, p. 27). Isso quer dizer que a construção desse círculo reflexivo de significações e ressignificações possui uma implicação ética, pelo princípio da participação de ambos os construtores, e um reconhecimento do valor das contribuições das diferenças presentes na conversação.

Terceiro texto disparador

Marilene Grandesso

QUANDO CONSIDERO O TEMA DA CULTURA, inevitavelmente acabo por fazer referências explícitas ou implícitas a um campo de fazeres e valores que define tanto questões de identidade como de pertencimento. Por outro lado, como terapeuta familiar e comunitária, baseio-me em um marco referencial narrativo e pós-moderno, sendo que o significado tem-se apresentado como o tecido sobre o qual venho organizando minha prática, sensível à diversidade dos múltiplos contextos de vida e pertencimento. Pensar sobre a diversidade e a construção de significados envolve, nesse sentido, praticar uma sensibilidade para a escuta das pessoas em geral, considerando seus códigos pessoais e culturais.

Qual seria, então, o recorte ideal para analisar o tema proposto? Poderíamos pensá-lo do ponto de vista dos distintos países e nacionalidades, das etnias, das comunidades, das famílias, dos tempos, das idades, dos sexos... O âmbito da cultura, seja qual for o recorte escolhido, define, por si, um terreno híbrido, miscigenado, de tal maneira amalgamado e composto de múltiplos e sobrepostos contextos de significação que só podemos concebê-lo, sem amputá-lo, à luz do pensamento da complexidade. A começar pela questão da multiculturalidade de todos os tempos do Brasil.

Se aceitarmos o fato de que construímos significados na linguagem e nas relações, poderemos problematizar ainda mais essa questão, desde os nossos primórdios. Barreto (2008) ressalta que, quando os portugueses chegaram ao Brasil, havia 1.300 línguas indígenas sendo faladas, e que, ainda hoje, temos mais de duzentas línguas vivas. Isso sem contar o contingente de africanos e europeus, entre outros, que construíram nossa cultura. E como falar em cultura no singular num país tão plural em características étnicas, sociais, religiosas, artísticas, de tão distintos usos e costumes e de crenças tão diversas? Quantos "países" dentro de um mesmo

Brasil! E isso se torna ainda mais complexo se considerarmos as diferenças sociais e econômicas que resultam em desigualdades e injustiças diante das possibilidades de realização do humano na práxis do viver.

Como humanos, estamos imersos na linguagem e vivemos nossa vida pelas histórias que construímos, organizando o significado atribuído à experiência com base nas relações e vozes canônicas da cultura (White e Epston, 1990). Já viemos ao mundo imersos numa trama de significados, conforme ressalta Pearce (1998), de tal modo que parte de nossa história já existia antes mesmo de nossa chegada. Embora na sua idiossincrasia cada pessoa exponha diferenças, os códigos e práticas culturais garantem, a cada uma, a possibilidade de reconhecer-se como si mesma e compreender a continuidade de sua existência. Segundo a abordagem narrativa, membros da comunidade de referência funcionam como testemunhas externas que reconhecem e legitimam cada pessoa de acordo com os valores comuns, dando visibilidade para aspectos do vivido que, de outra forma, permaneceriam invisíveis, quando não extintos (White, 1995, 1997, 2007).

Assim, falar no humano, em qualquer das suas dimensões, envolve, de acordo com uma perspectiva pós-moderna, ingressar no mundo dos significados, construídos nas relações e nos múltiplos contextos de vida (Grandesso, 2006a, 2006b). Segundo essa óptica, o trabalho de um terapeuta exige uma lente multicultural, uma vez que cada pessoa, família ou comunidade que ele atende caracterizam uma cultura distinta. Diferentes linguagens, diferentes códigos e diferentes valores, vindos de distintos contextos e em idiossincráticas formas, impõem sempre um desafio ao terapeuta: escutar e desenvolver uma abordagem dialógica baseada em múltiplos códigos. Portanto, como terapeutas, para compreendermos uma pessoa temos de abrir espaço para que ela deixe que suas múltiplas vozes, vindas de seus contextos de pertencimento e reconhecidas por suas culturas, falem. Tal postura exige o desenvolvimento de certo respeito pelo saber de dentro – o *insider* –, o conhecimento local construído nas trocas entre pessoas significativas.

Nesse sentido, Maturana e Verden-Zöller (1993) compreendem que cada cultura representa redes de conversação que se mantiveram ao longo da história, num fluxo de construção contínua de sentido. Assim pensando, se quisermos compreender as mudanças que surgem e se mantêm nos contextos culturais, teremos de acompanhar o fluxo das conversações no entrelaçamento de emoção e linguagem, que organiza as formas de pensar, sentir, agir e relacionar-se. Maturana e Verden-Zöller afirmam que toda vez que começa a conservar-se, de geração para geração, uma nova configuração no aspecto emocional de uma família, surge uma nova cultura, mantida e organizada em meio a um novo fluxo de conversações e emoções.

A cultura é, portanto, de uma importância tão grande que Waldegrave (1998) a coloca como, possivelmente, o mais influente determinante do significado. As culturas expressam histórias que são transversais às gerações, decorrentes das organizações humanas e das práticas colaborativas de grandes grupos. Caso não fosse assim, não sobreviveriam.

Feitas essas considerações, podemos refletir sobre as danosas consequências de desenvolvermos um pensamento clínico, como terapeutas, desvinculado dos valores e significados culturais. Nossa formação ocidental priorizou valores individuais, conflituosos e orientados para o futuro. Os modelos diagnósticos em busca do que não funciona, ou do que não se encaixa nas estruturas dominantes, foram muitas vezes calcados no reconhecimento de diferenças como se fossem desigualdades ou disfunções, patologias. O respeito pelos valores culturais, no entanto, convida-nos para a consideração dos contextos de distinção e construção de sentido, para além dos limites disciplinares e do território psi. Proceder de outro modo acaba por favorecer deformidades no campo da compreensão dos significados, ao serem construídos com base em parâmetros normativos e descontextualizados.

Podemos até mesmo falar em violência caso sejam negados os códigos culturais que dão sentido ao vivido e pelos quais cada pessoa constrói sua identidade e o sentido de seu mundo e de suas relações.

Essa é uma questão intrigante e extremamente desafiadora para nós, psicoterapeutas; se ignorada, pode levar ao que Waldegrave (1998, p. 210) afirma ser um tipo de segregacionismo. Diz ele: "As terapias e as práticas psicológicas que não tratam das redes de significado cultural de maneiras informadas são racistas", uma vez que, certamente, veiculam os valores das classes e culturas dominantes.

Segundo esse raciocínio, Barreto (2008) ressalta que o trabalho em uma comunidade, com seus múltiplos códigos, exige um terapeuta culturalmente poliglota. Esse é um aspecto sobre o qual tenho refletido bastante, em especial quando em contato com as famílias de baixa renda, na sua grande maioria formada por migrantes. Tenho verificado no meu trabalho com as comunidades, sobretudo no contexto da terapia comunitária, que muitos dos problemas de adoecimento e de sofrimento tradicionalmente compreendidos como psíquicos decorrem da perda das raízes culturais. Sensível a essa situação, a terapia comunitária tem favorecido o resgate de raízes e valores, contribuindo para que sejam valorizadas a história, as origens e as tradições de cada pessoa, o que favorece não só o reconhecimento de si mesmo, mas também a possibilidade de pertencer a uma nova cultura sem ter de abandonar ou negar a sua própria.

Réplica

Liana Fortunato Costa

AS TRÊS AUTORAS EXPUSERAM, em seus textos, suas experiências de trabalho comunitário, no qual os sujeitos advindos de realidades socioculturais e econômicas diferentes interagem para a construção comum de iniciativas, a fim de solucionar conflitos. São relações complementares entre cliente e profissional, marcadas por saberes diferentes. Esse aspecto comum remete à questão do poder de um grupo sobre outro, do poder de uma cultura dita mais civilizatória, ou mais adaptada aos padrões econômicos atuais, sobre outra considerada autêntica e tentando alcançar esses padrões de trocas capitalistas.

Nos três textos, aparecem sujeitos pertencentes a microculturas mais carentes economicamente, mais regionais, mais caracterizadas por valores próprios de classes sociais menos abastadas, entrando em contato com outros sujeitos, caracterizados por valores intelectuais e pertencendo à classe social dominante, com um saber típico do grupo de elite do país. Qual poder sobrepuja o outro? Qual teor de disputa de saber se apresenta na conversação? As disputas de poder são necessárias? Podem atender a necessidades de um grupo? Como se dá a luta de poderes advinda de um diálogo pleno de estranhamentos?

É óbvio que a competência técnica confere poder (Enriquez, 2007) e que as relações são influenciadas por uma hierarquia presente nos grupos. Porém, os resultados de um trabalho comum dependem da adesão aos objetivos comuns, fundamentada na condição de participação assegurada. Enriquez (2007) enfatiza ainda que um grupo de discussão comunitária pode aliviar as pressões para dominação interna com o reconhecimento dos desejos pessoais de realização da cidadania e participação na vida coletiva.

Nesse sentido, Fruggeri (1998) destaca o construcionismo social e traz colaborações para a desmistificação da capacidade transformadora do terapeuta ou de sua palavra, redirecionando as observações para as relações e os diálogos transformadores que afastam da figura do profissional a total responsabilidade pelas mudanças ocorridas no grupo.

As três autoras – Liana, Marilene e Marlene – executam seus fazeres e saberes em contextos de múltipla expressão cultural. Brasília e suas cidades-satélites constituem uma região de migração nordestina, principalmente, que também recebe um fluxo migratório originado na própria região Centro-Oeste. O Distrito Federal nasceu de um movimento migratório nacional. São Paulo apresenta a mesma diversidade cultural, também com muitos migrantes nordestinos e marcada, em especial, por uma mistura da cultura italiana com a japonesa. Mas esses saberes e fazeres se manifestam num encontro de discursos que não podem ser dissociados do aspecto socioeconômico ligado à sua construção. E aí temos uma provocação relacionada à luta de poderes: quais narrativas terão mais valor e, em consequência, quais narrativas serão mais eficazes na busca de soluções para os conflitos? (Cecchin, 1998; McGoldrick, 2003).

Réplica

Resposta de Marlene Magnabosco Marra a Liana Fortunato Costa

O TEXTO DE LIANA ME FAZ PENSAR sobre a formação, preparação e capacitação continuada do profissional – aquele que faz intervenções as mais diversas, seja a individual (no contexto clínico), seja a grupal, nas mais diferentes modalidades, desde a clínica social aos contextos judiciais, socioeducacionais e socioterapêuticos.

Enfrentamos as situações de intervenção sempre munidos de nossos códigos, das pré-estruturas de entendimentos que estão implicados em nossa vida. Enredos construídos coinconscientemente e que, segundo Moreno (1983), só serão desconstruídos também nas relações com os outros.

Fazemos intervenções sempre pautadas em uma ética, mas nunca sabemos quais efeitos terão ou causarão no outro. Não temos controle. Qualquer situação é maior do que o conjunto dos nossos olhares.

As práticas sociais constituem contextos comprometidos, sendo solos férteis para a expressão dessas nossas incongruências.

Quando recomendo a capacitação continuada do profissional, não estou argumentando a favor da formação de especialistas em construtos teóricos que fundamentam uma prática. Até porque, como Lynn Hoffman (1998), confirmo a posição de não especialista, defendida por Harlene Anderson e Harry Goolishian, que pregam que os modelos diretivos de terapia são "patologizantes" e que as entrevistas devem ser destituídas de objetivos a *priori*. Assumem, portanto, a posição do "não saber" e, consequentemente, acontece aí o desaparecimento do especialista, aquele que sabe muito mas representa a expertise de uma teoria, descaracterizando com essa postura o saber do outro. Não tem escuta ou envolvimento suficiente para dirigir seu olhar ao olhar do outro.

O não especialista assume a posição de "não saber", o que implica uma disponibilidade em relação ao outro, reconhecendo que aquilo que vem dele (o outro) é apropriado para sua realidade e deve ser respeitado. Esse profissional de grupo apresenta um aspecto importante, que Moreno (1992) chamou de "expansividade afetiva ou emocional". Para esse autor, tanto a expansividade emocional quanto a social desenvolvem-se com a idade, sendo moldadas pelo grupo familiar de maneira qualitativa e quantitativa. Corresponderiam à capacidade e habilidade de limitar, reduzir, ou expandir e ampliar relacionamentos. É na convivência com a família que a criança aprende a conter ou ampliar e contentar-se com a qualidade e o número de relacionamentos afetivos; no convívio familiar, a criança desenvolve seus estados de espontaneidade para fazer escolhas e lidar com elas com adequação.

No sentido moreniano, adequar quer dizer ajustar-se a si mesmo, ao outro e à situação. Portanto, a primeira etapa essencial dessa vivência na família é a assunção pela criança dos papéis desempenhados por seus próximos, ou, segundo Dubar (2005), seus "outros significativos". Moreno (1992) também compreende o termo "papel" como um conjunto de símbolos significantes e associados que formam o eu.

Moreno e Dubar entendem a socialização como a construção de uma identidade social na e pela interação ou comunicação com os outros.

As experiências vividas e aprendidas no conjunto das relações são multiplicadas. Os profissionais de grupo são considerados "multiplicadores" de experiências de respeito mútuo, acolhimento das diferenças e aceitação do que vem do outro e do grupo. Segundo Andolfi e Haber (1998), o profissional de grupo deve ser alguém que, ao se incluir no incomum, no novo e no imprevisível, proporcione respostas criativas para a redução do sofrimento e para a melhoria dos relacionamentos, possibilitando, assim, que os indivíduos se relacionem e lidem com o problema em questão de diferentes maneiras, incluindo-se no processo de transformação.

Voltando, então, ao tema da capacitação continuada dos profissionais, defendo a necessidade de uma formação pessoal e, depois, técnica, no sentido apontado por Vasconcelos (1995): o profissional deve passar por uma "trans-formação". Esta deve dar-lhe a oportunidade da convivência grupal e prepará-lo para lidar com seus estados de espontaneidade – sentimentos, emoções, sensações e pensamentos que vêm do outro e que despertam algo em cada um e no outro (Moreno, 1992). Deve permitir que viva e construa uma série de situações de vida que possam refletir estados e papéis específicos.

O profissional deve fundamentar-se em uma epistemologia baseada na criação conjunta de significados por meio de uma prática que realce o respeito à diversidade cultural. Essa epistemologia nos conduz à crença na legitimidade do outro, que é diferente de nós e que também é capaz de gerar recursos para gerir sua vida. Trata-se, portanto, de uma epistemologia da composição e não da oposição.

Réplica

Resposta de Marlene Magnabosco Marra a Marilene Grandesso

DENTRE OS VÁRIOS ASPECTOS IMPORTANTES do texto de Marilene Grandesso, destaco, de modo especial, por se relacionar com o meu trabalho, a questão das populações formadas por migrantes que compõem a cidade de Brasília. Refiro-me, mais especificamente, às famílias de baixa renda que vivem nas cidades-satélites e que, de forma ampla, sofrem a perda de suas raízes culturais. Raízes culturais que lhes asseguram valores éticos, familiares, morais, religiosos, econômicos e costumes e hábitos que, muitas vezes, não mais podem usufruir. Essas pessoas, às vezes, não mais voltam ao seu lugar de origem, e, deslocadas, perdem seus referenciais.

Estamos cientes de que vivemos em uma sociedade hiper-complexa e relativamente organizada e de que temos, dentro de uma cultura predominante, microculturas. A crise que se instalou no mundo contemporâneo atravessa todas essas questões, atingindo o ser humano em sua potencialidade.

Em um dos capítulos deste livro, trato da desertificação do mundo atual e da absolutização da maneira de ver o real e de relacionar-se e transacionar com ele, configurando o desenraizamento do homem moderno. Os tempos atuais indicam um deslocamento das fronteiras.

Essas configurações históricas precedentes e emergentes que deslocam tamanha população, principalmente das regiões Nordeste e Norte do Brasil, para Brasília e o desejo de uma vida melhor exerceram uma ação determinante para a vida dos migrantes e para sua identidade, já que essas pessoas são, muitas vezes, consideradas como "sem-terras".

Com base nos estudos voltados à autopoiese, ou seja, a capacidade de os organismos recriarem-se continuamente, Maturana e Varela (1995) reconhecem e asseguram que existe a possibilidade de essas pessoas pertencerem a uma nova cultura, visto que tal capacidade de autocriação é o núcleo biológico da dinâmica constitutiva dos seres vivos. Estes se recriam constantemente e aprendem com a relação interativa com o meio. Os sistemas vivos são sistemas cognitivos (Maturana, 2001); e a vida, segundo esse autor, é um processo de cognição. Essa convivência entre os indivíduos mediada pelo ambiente renova e diversifica as formas de ser no mundo, possibilitando-lhes novos vínculos com o lugar, com o território. Novas maneiras de pertencimento surgem em desdobramento de suas dores e perdas, constituindo e ressignificando os contextos e dando às novas gerações a oportunidade do enraizamento.

Maturana (2001) afirma que organismo e meio vão mudando juntos, num movimento de congruência. Não é acidental o fato de um sistema ter determinada configuração estrutural em certas circunstâncias. A esse fenômeno o autor chama de "deriva".

Refere-se a um "curso que se produz, momento a momento, nas interações do sistema e da sua circunstância" (p. 81). Portanto, a história de mudança estrutural de um organismo em interação com o meio é uma "deriva". A mudança do meio abrange o organismo e suas interações; o que o observador vai notar dependerá da direção do seu olhar. As mudanças são produzidas de qualquer maneira e, assim, sempre nos encontramos em correspondência com o meio.

Desse modo, percebemos o sedimento da deriva evolutiva, social e histórica que nos fez o que somos hoje: seres de convivência, linguagem, enredo discursivo, ora sutil, ora explícito, mas sempre complexo, cristalizando pensamentos, sentimentos e emoções, às vezes indiferenciados e/ou diferenciadores, e complicando nossas relações de convivência.

A linguagem na convivência e na construção histórica dos sujeitos é considerada uma coderiva – uma história de interações recorrentes e uma diversidade interna que é própria de cada um. Poderosa forma de expressão da cultura de um grupo.

Maturana (2001) ressalta ainda que a história dos seres vivos se funda na aceitação ou não de certas premissas, como: o espaço das relações humanas deve considerar as emoções; o espaço social surge sob a emoção da aceitação do outro e pela conservação de certos modos de vida. Quando podemos fazer coisas juntos e o elemento que nos une ao fazermos coisas juntos é uma coinspiração na aceitação mútua, estamos participando da construção de valores e de reflexões que incitam o amor. Nesse sentido, o outro conta e participa.

No processo de hominização, os seres humanos tornam-se capazes de reconhecer o outro, espiritualizam-se e dispõem-se a trabalhar cada vez mais os seus afetos.

É desenvolvendo a sensibilidade que aprendemos a capturar por meio dos sentidos, as referências contidas nas interações; e o mundo nos chega à deriva. Nossos esforços devem ser no sentido de desvendamentos e descobertas.

Réplica

Marilene Grandesso

TOMANDO O TEXTO QUE ESCREVI como porta de entrada ao tema da diversidade cultural e construção de significados, li os textos de Liana e de Marlene, deixando que eles "falassem" com meu texto e suscitassem reflexões produtivas que me fizessem ir além. Assim, sendo coerente com o tema deste capítulo, procurei as diferenças que pudessem agregar novidades, ampliando meu olhar e universo de significados no que concerne aos conceitos de diversidade cultural e construção de significados. Por outro lado, busquei também semelhanças que pudessem mostrar que, mesmo sem estarmos frente a frente, numa conversação presencial, fazemos parte de uma mesma cultura e compartilhamos valores e significados, os quais pertencem a uma rede canônica de conversações que sustenta nossas práticas como psicoterapeutas de famílias, pesquisadoras, mulheres, brasileiras, mães, enfim...

E o que encontrei? Profissionais distintas, entre as quais me incluo, cada uma trabalhando com a diversidade cultural no seu contexto de ação. O microcosmo da cidade de São Sebastião, formado por migrantes de diferentes regiões, constituindo uma população considerada socialmente vulnerável, sedia o sociodrama desenvolvido por Marlene. Seu trabalho, que favorece a criação de uma rede de conversações com base na vivência sociodramática, promove a legitimação das diferenças, a escuta respeitosa e a construção conjunta de novos significados. É no duplo contexto – comunitário e judicial – que Liana desenvolve suas pesquisas e realiza intervenções psicossociais. E, finalmente, surge o contexto da terapia familiar e da terapia comunitária (conforme proposta por Barreto, 2008), no qual me incluo. São diferentes contextos de vida e diferentes ações, desenvolvidas por distintas profissionais, cada uma no seu território, mas todas sensíveis às diferenças culturais, com seus múltiplos códigos e significados.

Quais reflexões foram instigadas pela minha leitura?

Quanto ao texto de Marlene, considerei agregador, no que diz respeito a nosso tema, o conceito de "um e um são três", de Caillé, e especialmente o do "terceiro excluído do diálogo". Se considerarmos as famílias e comunidades que atendemos, quantos não serão os *terceiros excluídos* se as pessoas não estiverem juntas e em condições de falar e ser ouvidas, se não puderem ser compreendidas com os significados que atribuem à própria experiência? É nesse sentido que Hoffman (2007a, 2007b) e Shotter (2008) se referem à importância de *falar com* e não *falar para* ou *sobre* o outro. Se assim pensarmos e organizarmos nossas práticas, conversações transformadoras nos contextos de psicoterapias poderão organizar contextos generativos de construções conjuntas de significados culturais híbridos, trazendo as marcas de todos e de cada um dos envolvidos no processo.

Ao que me parece, isso corresponde ao que é realizado por Marlene na sua prática do sociodrama como "um modo de intervir [...] que permite sentir, perceber, pensar e agir, organizar e dar sentido ao mundo social dos envolvidos pela interação grupal" (Marra, 2004; trecho citado por Marlene no "Primeiro texto disparador" deste capítulo). O trabalho de Marlene ressalta a importância das práticas grupais que, com responsabilidade compartilhada, tecem a multiplicidade dos significados idiossincráticos das distintas culturas, num tecido de padronagem ética e estética, calcada na lógica da inclusão.

Quanto ao artigo de Liana, um conceito que ela agregou ao meu pensar sobre a diversidade cultural veio da referência ao que Pakman (1998) denomina de "fronteira cultural". Ao trazer esse conceito, Liana contribui para uma melhor reflexão sobre o tema deste capítulo, já que aborda um aspecto essencial: a possibilidade do distanciamento não apenas por pertencimento a culturas diferentes, mas também do distanciamento produzido pela perpetuação de práticas discursivas que, "desencarnadas" – como Pakman (1998) as caracteriza –, reproduzem continuamente formas de vida que acabam gerando a desconsideração dos contextos locais e, até mesmo, fomentando práticas impessoais e muitas vezes violentas.

Tomados em conjunto os três textos, entendo que ressaltamos a importância de avaliar quais preconceitos incorporamos nas nossas práticas de vida e nas nossas práticas psi ou nas práticas sociais em geral. Foram citados o preconceito estigmatizador contra as famílias pobres que vivem em vulnerabilidade, muitas vezes acusadas de negligentes, descomprometidas ou incapacitadas e desprovidas de saber, conforme descreve Marlene, e os "preconceitos ruins", mencionados por Cecchin e retomados por Liana, que chamou a atenção para a manutenção de certas conservas culturais que desconsideram as idiossincrasias dos contextos locais. Vale mencionar também as práticas de classificação e de utilização de modelos diagnósticos, que, como aqui salientei, utilizam parâmetros universais e normativos em detrimento das condições particulares de cada pessoa, família e comunidade.

Vejo que enveredamos por territórios de entendimento de cultura num sentido amplo, referente não só a um grupo, mas às pessoas em geral e às organizações existentes. Da mesma forma, ampliamos nosso olhar para incluir a rede de relações que se estabelece entre pessoas, famílias e comunidades, e a cultura especializada dos profissionais que lhes prestam serviços.

Se pensarmos dessa maneira em relação à prática cotidiana de nosso trabalho, uma questão importante fica implícita: quando trabalhamos com pessoas, independentemente de sua procedência e de seus contextos de identidade e pertencimento, devemos conhecer seus valores, significados e os rituais organizados por sua cultura. Nenhuma cultura é superior a outra, o que fica claro se compartilharmos valores humanos de igualdade e justiça social. Portanto, não podemos utilizar os referenciais de uma cultura para tentar compreender a outra. Aceitar e colocar em prática tais pressuposições relativas à sensibilidade cultural equivale a adotar uma perspectiva dialógica que celebre o outro, conforme propõe Sampson (2008), uma postura de aprender com a alteridade, o que em si já se apresenta como uma possibilidade de transformação e crescimento pessoal para todos os envolvidos.

Laird (1994) ressalta que, desde a década de 1990, expressões como "diversidade cultural", "multiculturalismo", "práticas culturalmente sensíveis", "competência cultural" têm-se tornado quase que conceitos básicos para os profissionais da área da saúde mental. Afirma ainda Laird que, de acordo com uma visão antropológica, aprender sobre o outro implica aprender sobre si mesmo. Para isso, faz-se necessário desconstruir narrativas culturais que possam nos cegar ante aquilo que não nos é familiar, fomentando práticas de injustiça e até mesmo violentas, uma vez que a cultura também se define como processual e contextual, estando sempre em movimento. Qualquer entendimento absoluto apoiado por práticas discursivas objetivistas favorece a exclusão do outro; a cultura pode ser compreendida como

> [...] uma construção individual e social, um conjunto de significados em constante evolução e mutação, que só pode ser entendida no contexto de um passado narrado, um presente cointerpretado e um futuro desejado. É sempre contextual, emergente, improvisacional, transformacional e política; [...] é definida pelo significado e definidora e constitutiva em si mesma (Laird, 1994, p. 28-9).

E, acrescento eu, isso faz toda a diferença...

Texto finalizador

Liana Fortunato Costa

PARA FINALIZAR AS REFLEXÕES suscitadas pelos textos disparadores e réplicas, procurei privilegiar o sentido estrito evocado nos escritos. Então, surgiram dois aspectos que permeiam todas as considerações feitas pelas queridas companheiras de tarefa: a questão do significado e do sentido; e a questão ética do trabalho em conjunto, respeitando as diferenças.

Sinto necessidade de retomar algumas definições contidas em Palmer (1996), ao tratar da hermenêutica. Esse autor nos diz que o significado é dado pelo contexto. Ele determina nosso processo de compreensão e nossa decorrente explicação sobre algo que nos foi apresentado. Mas é o contexto que nos oferece a pré-significação, o qual, como aspecto prevalente, configura a relação. O contexto é relação, e a significação se dá na relação.

Somente após o processo de significação e interpretação é que podemos elaborar o sentido apreendido e a ser dado a nossas compreensões. Palmer (1996) mostra que compreender é diferente de explicar, porque é a compreensão que permitirá a emergência do sentido.

Ao tratarmos de relações, a ética se impõe como a necessária questão maior, promovendo a mediação da existência em contexto. A ética aqui considerada se refere tanto ao contexto microssocial, na concepção de Maturana (1997), do reconhecimento e legitimação do outro, quanto à postura ética mencionada por Morin (2007), que amplia o sentido de consideração do outro em direção ao respeito a todo o outro e à vida maior que está presente em todos nós e pertence a todos.

No meu ver, os três textos produzidos contribuem sobremaneira para reflexões sobre a nossa vida em comum, tão diversa e tão semelhante, e sobre nosso pertencimento a diferentes contextos e, no entanto, tão iguais em humanidade. Essas percepções configuram, inevitavelmente, um rumo para que possamos valorizar ainda mais a aproximação com o outro, concebendo um sentido comum de vida, em meio a nossas diferenças, e para que possamos, definitivamente, estabelecer relações de cooperação e colaboração.

Referências bibliográficas

ANDOLFI, M.; Haber, R. *Por favor, ajude-me com esta família: usando consultores como recursos na terapia familiar.* Porto Alegre: Artes Médicas, 1998.

BARRETO, A. P. *Terapia comunitária passo a passo.* 3. ed. Fortaleza: LC, 2008.

CAILLÉ, P. *Um e um são três: o casal se autorrevela.* São Paulo: Summus, 1994.

CECCHIN, G. "Construindo possibilidades terapêuticas". In: MCNAMEE, S.; GERGEN, K. J. (orgs.). *A terapia como construção social.* Porto Alegre: Artes Médicas, 1998, p. 106-16.

222 Marlene Magnabosco Marra, Liana Fortunato Costa e Marilene Grandesso

_____. "Exercícios para manter sua mente sistêmica". *Nova Perspectiva Sistêmica*, Rio de Janeiro, v. 6, n. 10, p. 6-15, 1997.

DUBAR, C. *A socialização: a construção das identidades sociais e profissionais.* São Paulo: Martins Fontes, 2005.

ENRIQUEZ, E. *As figuras do poder.* São Paulo: Via Lettera, 2007.

FAJARDO, L.; XAVIER, R. "A denúncia de abuso sexual em famílias em litígio após a separação". *Nova Perspectiva Sistêmica*, Rio de Janeiro, v. 16, n. 30, p. 81-8, 2008.

FRUGGERI, L. "O processo terapêutico como construção social da mudança". In: MCNAMEE, S.; GERGEN, K. J. (orgs.). *A terapia como construção social.* Porto Alegre: Artes Médicas, 1998, p. 51-65.

GRANDESSO, M. A. "Família e narrativas: histórias, histórias e mais histórias". In: CERVENY, C. M. de O. (org.). *Família e... narrativas, gênero, parentalidade, irmãos, filhos nos divórcios, genealogia, história, estrutura, violência, intervenção sistêmica, rede social.* São Paulo: Casa do Psicólogo, 2006a, p. 13-29.

_____. *Sobre a reconstrução do significado: uma análise epistemológica e hermenêutica da prática clínica.* 2. ed. São Paulo: Casa do Psicólogo, 2006b.

HOFFMAN, L. "Practising 'withness': a human art". In: ANDERSON, H.; JENSEN, P. (eds.). *Innovations in the reflecting process.* Londres: Karnac Books, 2007a, p. 3-15.

_____. "The art of 'withness': a new bright edge". In: ANDERSON, H.; GEHART, D. (eds.). *Collaborative therapy: relationships and conversations that make a difference.* Nova York: Routledge, 2007b, p. 63-79.

_____. "Uma postura reflexiva para a terapia de família". In: MCNAMEE, S.; GERGEN, K. J. (orgs.). *A terapia como construção social.* Porto Alegre: Artes Médicas, 1998, p. 13-33.

LAIRD, J. "Theorizing culture: narrative ideas and practice principles". In: MCGOLDRICK, M. (ed.). *Re-visioning family therapy: race, culture, and gender in clinical practice.* Nova York: Guilford Press, 1994, p. 20-36.

LAX, W. "O pensamento pós-moderno na prática clínica". In: MCNAMEE, S.; GERGEN, K. J. (orgs.). *A terapia como construção social.* Porto Alegre: Artes Médicas, 1996, p. 86-105.

MARRA, M. M. *O agente social que transforma: o sociodrama na organização de grupos.* São Paulo: Ágora, 2004.

MATURANA, H. *A ontologia da realidade.* Belo Horizonte: Editora UFMG, 1997 (texto organizado por C. Magro, M. Graciano e N. Vaz).

_____. *Cognição, ciência e vida cotidiana.* Belo Horizonte: Editora UFMG, 2001.

MATURANA, H.; VARELA, F. *A árvore do conhecimento.* Campinas: Psy, 1995.

MATURANA, H.; VERDEN-ZÖLLER, G. *Amor y juego: fundamentos olvidados de lo humano.* Santiago: Instituto de Terapia Cognitiva, 1993.

MCGOLDRICK, M. "Re-vendo a terapia familiar através da uma lente cultural". In: MCGOLDRICK, M. (org.). *Novas abordagens da terapia familiar: raça, cultura e gênero na prática clínica.* São Paulo: Roca, 2003, p. 3-42.

Moreno, J. L. *Fundamentos do psicodrama*. São Paulo: Summus, 1983.

_____. *Quem sobreviverá? Fundamentos da sociometria, psicoterapia de grupo e sociodrama*. Goiânia: Dimensão, 1992.

Morin, E. *O método 6: ética*. Porto Alegre: Sulina, 2007.

Nicolescu, B. *Fundamentos metodológicos para o estudo transcultural e transreligioso*. São Paulo: Triom, 2001.

Pakman, M. "Educação e terapia em fronteiras culturais: por práticas sociais críticas nos serviços humanos". *Nova Perspectiva Sistêmica*, Rio de Janeiro, v. 7, n. 11, p. 6-20, 1998.

Palmer, R. E. *Hermenêutica*. Lisboa: Edições 70, 1996.

Pearce, W. B. "Nuevos modelos y metáforas comunicacionales: el pasaje de la teoría a la praxis, del objetivismo al construccionismo social y de la representación a la reflexividad". In: Schnitman, D. F. (ed.). *Nuevos paradigmas, cultura y subjetividad*. Buenos Aires: Paidós, 1998, p. 265-89.

Saffioti, H. "No fio da navalha: violência contra crianças e adolescentes no Brasil atual". In: Madeira, F. R. (org.). *Quem mandou nascer mulher?* Rio de Janeiro: Record/Rosa dos Tempos, 1997, p. 132-211.

Sampson, E. E. *Celebrating the other: a dialogical account of human nature*. Chagrin Falls: Taos Institute Publications, 2008.

Shotter, John. *Conversational realities revisited: life, language, body and world*. Chagrin Falls: Taos Institute Publications, 2008.

Vasconcellos, M. J. *Pensamento sistêmico: o novo paradigma da ciência*. Campinas: Papirus, 2002.

Waldegrave, C. "The challenges of culture to psychology and postmodern thinking". In: McGoldrick, M. (ed.). *Re-visioning family therapy: race, culture, and gender in clinical practice*. Nova York: Guilford Press, 1998. p. 412.

White, M. *Maps of narrative practice*. Nova York: W. W. Norton & Company, 2007.

_____. *Narratives of therapists' lives*. Adelaide: Dulwich Centre Publications, 1997.

_____. *Re-authoring lives: interviews & essays*. Adelaide: Dulwich Centre Publications, 1995.

White, M.; Epston, D. *Narrative means to therapeutic ends*. Nova York: W. W. Norton & Company, 1990.

Os autores

Adelsa A. L. da Cunha é psicóloga, especialista em Psicologia Clínica pelo Conselho Regional de Psicologia de São Paulo (CRP-SP) e psicodramatista didata supervisora pela Federação Brasileira de Psicodrama (Febrap). Diretora de psicodrama pelo Instituto J. L. Moreno de Buenos Aires, é especialista em Terapia de Casal pela mesma instituição. É também professora da Potenciar Consultores Associados e da Sociedade de Psicodrama de São Paulo, além de presidente da Federação Brasileira de Psicodrama (gestão 2009/2010).

Anna Maria Knobel é psicóloga clínica pelo Conselho Federal de Psicologia e psicodramatista didata supervisora (foco psicoterápico/socioeducacional) pela Federação Brasileira de Psicodrama (Febrap). Diretora de psicodrama pelo Instituto J. L. Moreno, é mestre em Psicologia Clínica pela Pontifícia Universidade Católica de São Paulo (PUC-SP). Docente do Departamento de Psicodrama de Instituto Sedes Sapientiae, é psicoterapeuta (individual e de grupos), supervisora de psicodrama e coordenadora de grupos autodirigidos. Escreveu *Moreno em ato: a construção do psicodrama a partir das práticas* (Ágora, 2004) e vários artigos em livros e na *Revista Brasileira de Psicodrama*.

Cida Davoli é psicóloga graduada pela Pontifícia Universidade Católica de São Paulo (PUC-SP) e atende adultos individualmente e em grupos. Psicodramatista formada pelo Instituto de Psicodrama e Psicoterapia de Grupo de Campinas (IPPGC), é terapeuta didata supervisora pela Federação Brasileira de Psicodrama (Febrap), coordenadora dos psicodramas públicos do Centro Cultural São Paulo (CCSP) e professora do Grupo de Estudos e Trabalhos Psicodramáticos (Getep).

Dalmiro Bustos é psiquiatra e doutor em Medicina. Diretor de psicodrama pelo Instituto J. L. Moreno de Nova York, é diretor do Instituto J. L. Moreno de Buenos Aires e de São Paulo. Professor supervisor pela Sociedade de Psicodrama de São Paulo (SOPSP), é autor de dezoito livros publicados em espanhol e português, colaborador de obras publicadas em vários idiomas e coordenador de grupos de estudo de psicodrama em países como Suécia, Espanha, Chile, Uruguai e Equador.

Heloisa Junqueira Fleury é psicóloga graduada pela Pontifícia Universidade Católica de São Paulo (PUC-SP) e mestre em Ciências pela Universidade de São Paulo (USP). Psicodramatista didata supervisora, é docente e coordenadora geral do Departamento de Psicodrama (DPSedes) do Instituto Sedes Sapientiae, tesoureira da International Association for Group Psychotherapy and Group Processes (IAGP), supervisora do Projeto Sexualidade (ProSex) do Instituto de Psiquiatria da Faculdade de Medicina da Universidade de São Paulo (FMUSP) e orientadora do curso de Especialização em Sexualidade Humana da mesma instituição. Organizou várias obras e escreveu capítulos para diversos livros.

José Roberto Wolff é psiquiatra e psicoterapeuta. Mestre em Psiquiatria pela Faculdade de Medicina da Universidade de São Paulo (FMUSP), é psicodramatista didata supervisor pela Federação Brasileira de Psicodrama (Febrap).

Liana Fortunato Costa é psicóloga, terapeuta conjugal e familiar e psicodramatista. Doutora em Psicologia Clínica pela Universidade de São Paulo (USP), é docente permanente do Programa de Pós-Graduação em Psicologia Clínica e Cultura da Universidade de Brasília (UnB), além de membro do Grupo de Família e Comunidade da Associação Nacional de Pesquisa e Pós-Graduação em Psicologia (Anpepp).

Luís Falivene R. Alves é médico formado pela Faculdade de Medicina da Universidade de São Paulo (FMSUP), psiquiatra pela Associação Brasileira de Psiquiatria/Associação Médica Brasileira (ABP/AMB) e psicodramatista pela Sociedade de Psicodrama de São Paulo (SOPSP) e pelo Instituto J. L. Moreno de Buenos Aires. Sociopsicodramatista supervisor didata pela Federação Brasileira de Psicodrama (Febrap), é especialista em supervisão e didática psicodramática pelo Instituto de Psicodrama e Psicoterapia de Grupo de Campinas

226 Os autores

(IPPGC), além de professor supervisor dessa instituição. Publicou artigos nos seguintes livros: *O jogo no psicodrama* (Ágora, 1995); *Grupos: a proposta do psicodrama* (Ágora, 1999); *Grupos: intervenção socioeducativa e método sociopsicodramático* (Ágora, 2008); e *Sambadrama* (edições em inglês e em húngaro).

Maria da Penha Nery é doutora em Psicologia pela Universidade de Brasília (UnB), psicodramatista, terapeuta didata e professora supervisora de psicodrama. Foi presidente da Associação Brasiliense de Psicodrama em duas gestões e atualmente presta consultoria para empresas e escolas. É autora de artigos e livros na área de psicologia, entre eles *Vínculo e afetividade* (Ágora, 2003) e *Grupos e intervenção em conflitos* (Ágora, 2010). Também é psicoterapeuta de adultos, famílias e grupos em Brasília.

Marilene Grandesso é psicóloga, doutora em Psicologia Clínica, terapeuta de famílias, casais, indivíduos e comunidades; professora e supervisora do curso de Especialização em Terapia Familiar e de Casal do Núcleo Família e Comunidade (Nufac) da Pontifícia Universidade Católica de São Paulo (PUC-SP); coordenadora do Conselho Deliberativo e Científico (CDC) da Associação Brasileira de Terapia Familiar (Abratef), gestão 2008/2010; fundadora e coordenadora do Instituto de Terapia Família, Comunidade e Indivíduo (Interfaci). Facilitadora de cursos e grupos de estudo de práticas narrativas, práticas colaborativas e conversações transformadoras, é autora do livro *Sobre a reconstrução do significado: uma análise epistemológica e hermenêutica da prática clínica;* organizadora da obra *Terapia e justiça social: respostas éticas a questões de dor em terapia;* e coorganizadora (juntamente com Miriam Barreto) do livro *Terapia comunitária: tecendo redes para a transformação social – saúde, educação e políticas públicas,* além de autora de vários artigos em revistas nacionais e internacionais.

Marília J. Marino é pedagoga habilitada em orientação educacional e supervisão escolar. Mestre em Educação pela Pontifícia Universidade Católica de São Paulo (PUC-SP), é doutora em Psicologia Clínica pela mesma instituição. Especialista em Supervisão, também pela PUC-SP, é docente da Faculdade de Educação dessa universidade. Psicodramatista didata supervisora pela Sociedade de Psicodrama de São Paulo (SOPSP), é membro da coordenação e docente do curso de Formação em Psicodrama do convênio SOPSP/PUC-SP. Membro da Câmara de Representantes da SOPSP em várias gestões, tem diversos artigos publicados na *Revista Brasileira de Psicodrama*.

Marisa Nogueira Greeb é bacharel e licenciada em Pedagogia pela Pontifícia Universidade Católica de São Paulo (PUC-SP) e pós-graduada em Psicologia Educacional pela mesma instituição. Tem quarenta anos de experiência como consultora, supervisora, terapeuta e docente, tendo formado mais de 1.100 especialistas e consultores na metodologia sociopsicodramática. Cofundadora da primeira escola de psicodrama pedagógico e sociopsicodrama – a Role Playing –, ajudou a fundar também o Instituto de Políticas Relacionais. Com vários trabalhos na área pública, obteve "notório saber" na Prefeitura de São Paulo e foi coordenadora do Psicodrama Simultâneo da Cidade de São Paulo em 2001 e mentora do Sociodrama Público e Simultâneo da América Latina em 2002. Tem textos publicados em revistas nacionais e internacionais.

Marlene Magnabosco Marra é psicóloga, mestre em Psicologia, psicodramatista e didata supervisora nos focos psicoterapêutico e socioeducacional. Especialista em terapia sistêmica de casal e família, é professora e orientadora de cursos de especialização para psicodramatistas e terapeutas de família, além de coordenadora de ensino do Instituto de Pesquisa e Intervenção Psicossocial (Interpsi). Presidente da Federação Brasileira de Psicodrama nas gestões 1997/1998 e 2007/2008, é *chair* do comitê científico para o congresso de 2012 da International Association for Group Psychotherapy and Group Processes (IAGP). Organizou diversos livros voltados a questões de cidadania, organização de grupos, sociodrama e intervenções grupais.

Milene Féo é professora do Departamento de Psicodrama do Instituto Sedes Sapientiae. Psicodramatista, terapeuta didata e professora supervisora pela Federação Brasileira de Psicodrama (Febrap), é presidente do 17º Congresso Brasileiro de Psicodrama e I Congresso Latino-Americano de Psicoterapia de Grupo e Processos Grupais.

228 Os autores

Pedro H. A. Mascarenhas é psiquiatra e psicodramatista pela Sociedade de Psicodrama de São Paulo, pela Federação Brasileira de Psicodrama (Febrap) e pelo Instituto J. L. Moreno de Buenos Aires. Psicanalista pelo Instituto Sedes Sapientiae, atualmente trabalha em clínica privada com adultos. É professor supervisor do curso de Psicodrama da Sociedade de Psicodrama de São Paulo – Pontifícia Universidade Católica (SOPSP-PUC), e membro da equipe de coordenação dos trabalhos de psicodrama público no Centro Cultural São Paulo (CCSP).

Regina Fourneaut Monteiro é psicóloga formada pela Faculdade de Filosofia, Ciências e Letras Sedes Sapientiae da Pontifícia Universidade Católica de São Paulo (PUC-SP) e psicodramatista formada pela Asociación Argentina de Psicodrama y Psicoterapia de Grupo, além de professora, supervisora e terapeuta credenciada pela Federação Brasileira de Psicodrama (Febrap). Autora de *Jogos dramáticos* (Ágora, 1994) e organizadora de *Técnicas fundamentais do psicodrama* (Ágora, 1993), tem vários artigos publicados em revistas especializadas.

Sergio Perazzo é psiquiatra, psicodramatista e professor supervisor didata da Sociedade de Psicodrama de São Paulo (SOPSP), credenciado pela Federação Brasileira de Psicodrama (Febrap), além de autor de diversos artigos e livros sobre psicodrama, entre eles *Psicodrama: o forro e o avesso* (Ágora, 2010).

Terezinha Tomé Baptista é psicóloga pela Pontifícia Universidade Católica de São Paulo (PUC-SP), psicodramatista didata supervisora pela Federação Brasileira de Psicodrama (Febrap), supervisora em Psicologia Clínica e Educacional pelo Conselho Regional de Psicologia da 6ª Região e especialista em Psicossomática Psicanalítica pelo Instituto Sedes Sapientiae.

Wilson Castello de Almeida é psicoterapeuta com formação em Psiquiatria, Psicodrama e Psicanálise, além de autor e coautor de vários livros, entre eles: *Grupos: a proposta do psicodrama* (Ágora, 1999);

Psicoterapia aberta: o método do psicodrama, a fenomenologia e a psicanálise (Ágora, 2006); e *Defesas do ego* (Ágora, 2009).

Zoltán (Zoli) Figusch é psicólogo educacional e clínico. Psicoterapeuta psicodramatista registrado na British Psychodrama Association (BPA) e no United Kingdom Council for Psychotherapy (UKCP), é organizador de dois livros sobre o psicodrama brasileiro: *Sambadrama: the arena of Brazilian psychodrama* (Jessica Kingsley, 2005) e *From one-to-one psychodrama to large group socio-psychodrama* (edição do autor, 2009). Trabalha como psicodramatista em uma comunidade terapêutica em Manchester, Inglaterra.

------- dobre aqui -------

CARTA-RESPOSTA
NÃO É NECESSÁRIO SELAR

O SELO SERÁ PAGO POR

AC AVENIDA DUQUE DE CAXIAS
01214-999 São Paulo/SP

------- dobre aqui -------

SOCIODRAMA – UM MÉTODO, DIFERENTES PROCEDIMENTOS

------- recorte aqui -------

cole aqui

CADASTRO PARA MALA-DIRETA

Recorte ou reproduza esta ficha de cadastro, envie-a completamente preenchida por correio ou fax, e receba informações atualizadas sobre nossos livros.

Nome: _____ Empresa: _____
Endereço: ☐ Res. ☐ Com. _____ Bairro: _____
CEP: _____-_____ Cidade: _____ Estado: _____ Tel.: ( ) _____
Fax: ( ) _____ E-mail: _____ Data de nascimento: _____
Profissão: _____ Professor? ☐ Sim ☐ Não Disciplina: _____

1. Onde você compra livros?
☐ Livrarias ☐ Feiras
☐ Telefone ☐ Correios
☐ Internet ☐ Outros. Especificar: _____

2. Onde você comprou este livro? _____

3. Você busca informações para adquirir livros por meio de:
☐ Jornais ☐ Amigos
☐ Revistas ☐ Internet
☐ Professores ☐ Outros. Especificar: _____

4. Áreas de interesse:
☐ Psicologia ☐ Comportamento
☐ Crescimento Interior ☐ Saúde
☐ Astrologia ☐ Vivências, Depoimentos

5. Nestas áreas, alguma sugestão para novos títulos? _____

6. Gostaria de receber o catálogo da editora? ☐ Sim ☐ Não
7. Gostaria de receber o Ágora Notícias? ☐ Sim ☐ Não

Indique um amigo que gostaria de receber a nossa mala-direta.

Nome: _____ Empresa: _____
Endereço: ☐ Res. ☐ Coml. _____ Bairro: _____
CEP: _____-_____ Cidade: _____ Estado: _____ Tel.: ( ) _____
Fax: ( ) _____ E-mail: _____ Data de nascimento: _____
Profissão: _____ Professor? ☐ Sim ☐ Não Disciplina: _____

Editora Ágora
Rua Itapicuru, 613 7º andar 05006-000 São Paulo - SP Brasil Tel. (11) 3872-3322 Fax (11) 3872-7476
Internet: http://www.editoraagora.com.br e-mail: agora@editoraagora.com.br